OHSAMA BUNKO

アドラー心理学
こころの相談室

岩井俊憲

三笠書房

はじめに――どんな問題にも立ち向かえるようになるアドバイス

アドラー心理学が今、再評価されています。

このことは社会が大きく変わろうとしている証《あかし》ではないかと考えています。

これまで私たちは、何かに「依存」することで、心の安定を達成しようとしてきたように思います。それがお金であったり、肩書であったり、宗教であったり……何か自分以外の価値観にもたれかかろうとしていたのではないでしょうか。

しかし、アドラー心理学では、そうした「依存」ではなく「自立」を求めます。

今、アドラー心理学への注目が高まっているということは、多くの人が「依存」ではなく「自立」を欲しているからだと考えられるのです。

これまで四十年にわたってアドラー心理学を研究し、「勇気づけ」のためのカウンセリング活動を行なってきました。

セミナーやカウンセリングで、さまざまな人の悩みを聞いています。また、中小企業診断士として、会社の中での組織改革や人材育成のお手伝いもしています。

この本では、そうした経験から、**今を生きる私たちにとっての悩みや課題をどう解決していけばいいのかを、アドラー心理学をもとに考えていきたい**と思います。

アドラー心理学では、人間が抱える問題は、すべて対人関係上の悩みだと考えます（この考え方を「対人関係論」といいます）。

対人関係の問題を解決することは、よりよい人生に近づくことなのです。

その方法を端的にいえば、相手に何かを求めるのではなく、自分で決めて行動するということです。

そのために大切なのは、まずは、ありのままの自分を見つめ、いいところも悪いところも認めることです。そのことで、自分がどういう目的のために、どんな行動をすればいいかもわかってきます。そして、「ありのままの自分」がどんな人間であるかも、自分で決めることができるのです。

自立した人間になることこそが、アドラー心理学の目的の一つだと言っていいのです。

今、さまざまな悩みがあることはチャンスです。なぜなら、その悩みにアドラー心理学で取り組むことで、どんな問題にも立ち向かえる自立した自分になるきっかけがつかめるからなのです。

岩井　俊憲

◎もくじ

2章 小さなことでイライラしてしまう

――「原因」ばかり探さなくていい

3章

いろいろ気になることがあって

——一つにまとめずに「分解」してみると……

4章 人のことを許せない気持ち
――それは「自分の問題」ですか？

5章 プライベートを大事にしたいけれど
——もう他人に踏み込まれることはない

編集協力◎橋本宗洋
本文イラストレーション◎小野崎理香

1章

どうして、自分だけが……

――上から目線、下から目線をやめてみる

1 もっと好かれたい！

毎日忙しく暮らしていく中で、さまざまな人間関係があり、どのようにつき合うかで頭を悩ませている人は多いことでしょう。

基本的に**私たちは、「承認欲求」と「同調圧力」に悩みすぎているのではないか**、というのが私の意見です。

つまり、「認められなかったらどうしよう」「みんなと同じでなくてはいけない」――こうした気持ちを克服《こくふく》することが必要ではないかと思うのです。

たとえば、仕事の場で、

「どうも同僚が自分のことを嫌っているようだ。どうすればいいだろう」

そういう悩みを抱いている人には、「それで、何が問題なのか」と自問自答してもらいたいのです。

そもそも「嫌っているようだ」ということは、本当に嫌われているかどうかはわかりません。こちらが勝手に妄想《もうそう》しているだけかもしれません。

もし、仮に本当に嫌われているとして、その人があなたを嫌うかどうかは、その人の自由です。あなたが関与すべきことではありません。あなたがどれだけ相手に気を遣《つか》おうが、先方があなたを嫌うことは充分にありえるからです。

人間には好き嫌いがありますし、自分自身だってそうでしょう。

まわりにいる人すべてが好きだなどと言える人は、めったにいないはず。自分には嫌いな人がいるけれど、まわりの全員に好かれたい、嫌われたくない――これは虫のいい考え方ですし、バランスが取れていないのではないでしょうか。

アドラー心理学での「人間関係の二大法則」

アドラー心理学における人間関係をまとめると、以下の二つが基本の法則になります。

①みんなに好かれた人は、歴史上にも存在しない。
②みんなに嫌われた人も同様である。

つまり、「みんなに好かれたい」と思うのは、幻想を抱いているにすぎないということ。同様に「みんなに嫌われている」というのも妄想にすぎないのです。そしてここに、「他人は、あなたが気にしているほどあなたに関心がない。自分のことで精一杯」ということもつけ加えておきたいと思います。

これは、アドラー心理学の**「課題の分離」**でもあります。

人にはそれぞれ課題があり、責任がある。そこに他人が安易に踏み込んでも、いいことはありません。**誰を好きで誰が嫌いかで悩むことはその人の課題であって、あなたが踏み込む領域ではないのです。**

相手の課題に踏み込み、相手を変えようとすることは、相手を支配し、操作しようとすることにつながります。

職場での最大の目的は、仕事をうまく進め、成功させること。同僚と仲よくする必要があるとすれば、それは仕事のための手段です。決して目的ではありません。

このことは、プロ野球のチームにたとえるとわかりやすいでしょう。

チーム全員、仲がいいなんて基本的にありえません。プロのチームは「仲よしクラブ」ではないわけです。もしそうだったとしたら、それがなれ合いを呼び、むしろ問題になるかもしれません。

個性はバラバラ。仲のいい人間も悪い人間もいる。それでも勝利のためには一丸となる。それがプロのチームとしてのあり方ではないでしょうか。そしてそれは、あなたのまわりでも同じなのです。

ワンポイントアドバイス

誰を好きか嫌いかはその人の課題。他人が悩むことではない。

2 何かと突っかかってくる相手に

人には誰でも好き嫌いがあります。そこに安易に踏み込もうとしても、アドラー心理学の「課題の分離」に反するわけですからうまくいきません。

仕事場で同僚に好かれようが嫌われようが、取り組んでいる仕事がうまく進めばそれでいい。それが組織での基本的な考え方になります。

とはいえ、仕事を進めていく上で具体的に支障が出るような場合には、対処が必要になるでしょう。たとえば、会議のときなど、発言一つにやたらと突っかかってくるような人がいる場合は、どうすればいいでしょうか。

こういうときは、**まず相手の目的を考える**ことです。こちらの発言を邪魔《じゃま》したり、否定することで、相手が何を達成したいのかということです。

考えられるのは、あなたの足を引っ張ろうとしているのではないか——その根本には、あなたの能力や評価への嫉妬《しっと》があり、これ以上突出した存在にならないよう、足を引っ張るわけです。

そういう相手への対応策は、「足を引っ張られないくらいのところまで飛び抜ける」ことが理想です。出る杭《くい》は打たれますが、出過ぎた杭は打たれません。足を引っ張られないためには、さらに飛び抜けることが大事なのです。

飛び抜けようとすれば、足を引っ張るような存在を気にしている場合でもなくなります。そんなことに気をわずらわせるより、自分がもっと上に行くために必要な人たち、協力してくれる人たちとの関係を密にしていくほうが、よほど大事ではないでしょうか。

「真正面」を避けるのも知恵

また、突っかかってくる相手を「かわす」ことも必要です。

たとえば、そのために会議で行なう心理学的テクニックも存在します。心理学テクニックといっても、実に簡単なことで、相手の目の前に座らないようにすればいいのです。

相手の前（向かい）に座るというのは、文字通り「真っ向から向かい合う」のですから、これは対立のポジションになります。逆に、横に座るのは、親密なポジションといえます。

これは、デートする場合を考えてみればわかるでしょう。親密な相手、親密になりたい相手とは、向き合うのではなく横に座りたくなるものです。

斜め前の場合は、協力のポジションです。そのポジションに座っている人に話を振れば、賛同を得やすくなります。

もし、自分に突っかかってくる相手が正面に座ったのだとしたら、そこばかり意識せずに横の人や斜め前の人に話を振って賛同を得るのが大事でしょう。

その上で、真正面の相手に「どうでしょうか？」と聞けば、反論はしにくくなります。

また、会議のときには突っかかってくる人でも、あらゆるときに対抗してくるわけではないはず。お酒の席など、ちょっとリラックスした状況で話をして、いい関係を築くようにしておくというのも一つの手です。

大事なのは、相手と真っ向から闘わないことです。突っかかってきた相手と真っ向から闘うと、相手を打ち負かそうという「権力闘争」になってしまいます。**権力闘争になったら「逃げよ」というのがアドラー心理学の基本です。**力に力で対抗する必要はありません。身を引くのも重要な選択肢です。なぜなら、ここでの目的は仕事の成功であって、相手に勝つことではないからです。

ワンポイントアドバイス

突っかかってくるのは、足を引っ張りたいからかもしれない。

3 自慢を聞かされて

ことさらに、「寝ていない」「忙しい」と言う人がいます。

この「寝てない自慢」「忙しい自慢」は、聞かされるほうは、なんだかモヤモヤするものです。

どんな内容でも自慢は嫌われがちですが、「寝ていない」「忙しい」という話には、「私は仕事ができるんだ」「私は頑張っているんだ」というアピールも感じるので、なおさら嫌われがちだと言っていいでしょう。

では、なぜ、わざわざこんな自慢をするのでしょうか。こういう人は、**アドラー心理学では「優越コンプレックス」の状態にある**とみなします。

「優越コンプレックス」とは、をご説明する前に、「劣等感」についてお話ししておきましょう。

アドラー心理学では、「劣等感」と「劣等コンプレックス」とを明確に区分しています。

「劣等感」は主観的に劣等だと感じるもの。

一方、「劣等コンプレックス」は、「どうせ自分はダメな人間だからできないんだ」「学歴が低いせいで私は失敗した」「希望の会社に入れなかったのは赤面症《せきめんしょう》のせい」と、劣等感を理由にして自分の課題から逃《のが》れることを示します。

「優越コンプレックス」は、この「どうせ自分は」という代わりに、虚栄心《きょえいしん》に満ちた態度を取ることをいいます。

つまり、「私は忙しいんだ」「私は仕事ができるんだ」と、ことさらに自慢することで、自分の劣等感を埋め合わせ、他者に劣等感を抱かせようとしているのです。

このほかの例でいえば、家柄の自慢や人脈を誇示するのも、「優越コンプレックス」の表われです。

それは「逃げ」の表われ？

劣等感を持っているのを悪いと言っているわけではありません。今よりも高いところに目標を置いているのであれば、劣等感は持っていて当然でしょう。

しかし、それを理由に人生の課題から逃れてはいけません。劣等コンプレックスであれ、優越コンプレックスであれ、どちらも逃げの一手なのです。

やたらと「寝ていない」「忙しい」というのは、劣等感の埋め合わせでしかありません。相手が劣等感からそう言っているのだとわかれば、イライラしたり「自分はあの人と比べて頑張りが足りないんじゃないか」と気に病《や》んだりすることもなくなるでしょう。

しかし、実際にどちらが成果を出しているかは、冷静に比べてみなければわかりません。忙しい忙しいと言っていても、よく観察してみたらそこまでたくさんの仕事をやっているわけではなかったりします。逆に、要領が悪いせいで忙しくなっている場合だって多いのです。

その人が誰に向けて「忙しい自慢」をしているか、観察してみてはどうでしょうか。もしかしたら、特定の人にばかりそう言っていませんか。その場合は、ターゲットにしている人をライバル視しているのかもしれないのです。

成果の出し方では互角、もしくは負けていると感じているから、せめて「忙しさ」では勝っているとアピールしたいのです。

いずれにしても、こういう言動にまともにつき合う必要はありません。「劣等感でそうしているんだな」「自分に負けていると感じているのかも」と思えば、腹も立たなくなるのではありませんか。

自慢を聞かされるたびにモヤモヤしたり、頑張りが足りない引け目を感じたりする必要などないのです。

ワンポイントアドバイス

忙しさ自慢は「優越コンプレックス」の表われ。根底にあるのは劣等感。

4 人の尻ぬぐいばかりさせられる

「働き方改革」の名のもとに、さまざまな働き方ができるようになってきました。

働き方は人それぞれで、働くことに対する考え方も違います。

何よりも仕事を重視するという人にとっては、たとえば、子どもの学校行事で頻繁《ひんぱん》に休んだり、半休を取ったりする人を迷惑だと感じるかもしれません。

「休むのはいいけど、仕事のしわ寄せがくるのはこっちだよ」というわけです。なかには、独身者と子どもがいる既婚者がグループに分かれ、対立してしまっている職場もあるといいます。

就業規則で認められているのであれば、子どもの用事で会社を休むことはその人の権利です。周囲はそれを認める責任があります。

ただ、権利と責任はワンセット。休むことで同僚に負担が生じるのであれば、それを最小限にすることも必要でしょう。

「明日は休みます」「今日は午前中で帰ります」といきなり言われたら、まわりへのしわ寄せは大きくなる。

急な病気ならともかく、行事などであれば、あらかじめわかっていることなのですから、周囲に伝え、仕事がうまく回るようにする準備をしておかなければなりません。

アドラー心理学では、公共の秩序に反する行為は最もしてはいけないことの一つだとしています。

ここで問われているのは、組織の中での**共感能力**です。

子どもの行事が理由とはいえ、急に休みを取る人には、自分の行動によって周囲にしわ寄せが行くかもしれないと察知する能力が欠けているということ。権利にともなう責任を果たしていない状態です。

「しわ寄せ」は、巻き起こす側にも受ける側にも責任がある

一方で、しわ寄せを受ける側にも責任があります。

仕事にしわ寄せがくるのであれば、それは避けなければいけない。相手が休むことを認める責任もありますが、仕事にしわ寄せがこないように要求する権利もある。そしてこの権利には、責任をともないます。

周囲にしわ寄せが行くということは、仕事がうまく進まなくなるということ。そういう状況を放置しているのは、迷惑をかけられている側も同じなのです。

仕事がうまくいかない状況を改善しようとしていないという意味では、休む側も、それで迷惑する側も責任放棄をしているわけです。

仕事をうまく進めることができない状況があるならば、改善するのが双方の責任です。

休む側はできるだけ早く伝えておき、仕事に支障をきたさない準備をしておく。

周囲は、そうしてほしいことをしっかりと伝える。

その責任を果たすことで、仕事はうまく進むようになるはずです。そして責任を果たせば、休む側も引け目を感じなくてすみますし、周囲は無用なイライラから解放されるでしょう。

こうした課題解決に向かわず、中途半端な状態で引け目を感じたり、イライラするのは、日本人の特性かもしれません。

そこには「言わなくてもわかるだろう」という甘えがあります。一歩、海外に出れば、「言わなければわからない」が基本です。

アドラー心理学でも、「他人のことはわからない」が前提になります。だからこそ、わかり合うために言葉を使ってしっかりと伝える必要があるのです。

ワンポイントアドバイス

周囲とわかり合うためには、言葉を使ってしっかりと伝え合うこと。

5 相談されるのがうっとうしい

やたらと自慢をしたり、突っかかってくる人がいる一方で、よく相談事を持ちかける人もいます。いつも相談に乗ってはいても、毎日のようにされてはかないません。「つまらないことでいちいち相談しないでほしい」――そんなふうに感じるのもおかしなことではありません。

ただ、相談されることを面倒に感じるなら、それは半分以上、相談を受ける側に責任があるといえます。**自分が相談に乗るから、向こうは相談してくる**のです。

以前、あるカウンセラーが、いつでも無料で相談に乗っていた相手がいました。相談者は夫を自殺で亡くし、大変なショックを受けていたそうです。かわいそうだからと無料で相談を受けていたら、絶え間なく電話やメールがくるようになってしまったそうです。

そのカウンセラーから、「岩井先生、どうしたらいいでしょうか」と聞かれた私は即座に、「これ以上、相談に乗るのをやめなさい」と答えました。

私に伝えたということは、絶え間なく相談されることで気が重くなったり、動揺しているということ。それは自分のカウンセリング能力を超えてしまっているということでもあるのです。

そういう場合は、そのことを相手にも伝えなければいけません。

時間を区切る、有料にする、あるいは別のカウンセラーに引き継ぐなど、方法はあるはずです。それをしないから、最初は善意で受けていたはずの相談が、わずらわしいものに感じられてしまうのです。

そもそも、悩みを解決する気などない？

好きなテレビ番組を見ているときに、友達から電話がかかってきたとします。

用件はたいしたことのない相談のようです。しかし、日本人の七割はそのまま電話で話を続けてしまうそうです。そして電話を切ったあとで、「あんな用事で……」と、見たかった番組を見損ねてしまったグチを言う。

たいしたことのない用件なら、電話を切ればいいのです。一言、「あとでかけ直すね」と言えばいいだけのことです。

なぜそれができないのかといえば、「嫌われたくない」という思いを過剰に抱いてしまっているからでしょう。

しかし、その場で対応しなければならない問題など、そうはないはずです。嫌われたくないという気持ちはわかりますが、相手の相談がエッセンシャル（本質的）なものか、トリビアル（瑣末《さまつ》）なものかを判断することも大切です。

うざったいと感じるような質問であれば、それは重要な質問ではないということでしょう。

あるとき、アドラーはケンカをしている子どもたちを見かけ、「どうしたんだい？」と聞いたそうです。

そして、「二人ともどうしたいの？」と尋ねると、実は理由も目的もとくにはありませんでした。要するにケンカという形でじゃれ合いたかっただけなのです。

これは大人にも言えること。悩みを相談するというのは形だけのことで、実際にはグチを言って共感してもらいたいだけということも多いのです。

いってみれば、根本的な解決を求めない、一種のゲームなのでしょう。

人の課題は、その人でしか解決できません。あなたの課題ではないのですから、踏み込んで相談に乗る必要もないのです。**本人が課題を解決しようとしていないのだから、それに対してアドバイスをしても、何にもならないのです。**

ワンポイントアドバイス

しょっちゅう相談してくる人の相談は、その人にとって単なるゲームなのかも。

6 助けてあげたいけれど……

しょっちゅう相談してくる人とは逆に、何も言わないけれど、明らかに何か問題を抱えていそうな人もいます。その悩みが日常にも支障をきたしているように見える——一度気になってしまうと、何か助けになれないかと思うものです。

ただし、悩んでいるように見える人に対して、アドラー心理学における**「勇気づけ」**の援助を行なうときには、手続きが必要です。

「勇気づけ」とは、自らの人生の課題を解決するために行動できるよう自分、もしくは他者を援助することをいいます。

この援助を行なうための手続き、言い方を変えれば、「段階を踏む」ということです。

必要な言葉は、英語にすると「May I help you?」。つまり、「何か手助けすることはあるかな？」と、まずは聞くことです。

そこでの答えがノーであれば、助ける必要はありません。

助ける必要のない人の世話を焼こうとしたり、やたらと相談してくる人の相手をし続けるのはアドラー心理学の「課題の分離」に反します。

アドラーは、世話好きな人を指して、自分がその世話を焼く相手にとって重要な人物であることを証明しようとしている、と指摘しています。

相手を自分に依存させようとしている状態なのです。

助けを求められてもいないのに、他人の課題に土足で踏み込むのはトラブルのもとになります。

「ニーズ（需要）なきところにサプライ（供給）なし」。それが手助けするときの鉄則です。ただ私たちは、「何か困っていることがあるんじゃないの？」と聞かれても、ついつい「大丈夫です」と言ってしまいがちです。本当は助けが必要なのに、それを言い出すことがなかなかできません。

誰にもそういう面があるからこそ、より慎重な手続きが必要になってくるのです。相手の心に、一気に飛び込もうとしても効果はないでしょう。

「もしかして」が解決へ導く

「ニーズなきところにサプライなし」と言いましたが、このニーズには、潜在《せんざい》ニーズと顕在《けんざい》ニーズがあります。すでに顕在化しているニーズならアドバイスもしやすいのですが、潜在ニーズ、つまり隠されている場合もあるのです。

心理学の世界では、自分をどのように公開するか、またどのように隠蔽《いんぺい》するかを表わす「ジョハリの窓」というモデルがあります。

窓は四種類に分かれ、まずは自分にも相手にもわかっている「開かれた窓」があり、自分にはわかっているが他人にはわからない「隠された窓」もあります。また、自分にはわかっていないが、他人はわかっているという「盲点の窓」も存在します。さらに、自分にも他人にもわからない「未知の窓」もあるのです。

何かに苦しんでいるように見えるけれど、それが何かはわからない。もしかすると、その人自身さえ気づいていないこともある。それが「潜在ニーズ」です。そして潜在ニーズを明らかにしていくのも、手続きによってなのです。

アドラー心理学のカウンセリングでは、「もしかして」という言葉をよく使います。「もしかして、こんな悩みを抱えていないですか」と探っていく手続きを経《へ》ることで、潜在ニーズを明らかにしていくのです。

「そんなことはないです。大丈夫です」と相手が答えても、明らかに様子がおかしいときもあります。そんなとき、こうした手続きを踏んで相手の潜在ニーズを明らかにしなければ、いくら「大丈夫?」と聞いても、余計なお世話で終わってしまうかもしれません。そして、ニーズが明らかになったときのみ、「勇気づけ」に基づく援助が効果的になるのです。

ワンポイントアドバイス

世話好きはやさしさの表われではなく、相手を自分に依存させる行為。

7 そんなに大きな声を出さなくても……

落ち込んだり、悩みを抱えている人を見るのはつらいものです。

たとえば、誰かが執拗《しつよう》に叱られていると、まわりにいる人たちも気が滅入《めい》ります。


しかし、会社や学校、チームなどの**組織というものは、とかくスケープゴートを作りがち**でもあります。いわゆる「叱られ役」です。

そういう存在がいることで、組織全体がうまくいくという面もあるでしょう。

たとえば、プロ野球界でかつて九連覇という黄金時代を築いた読売ジャイアンツの川上哲治監督は、チームの看板である長嶋茂雄選手を「叱られ役」にしていたことが知られています。

逆に、もう一人の看板である王貞治選手のことは叱りませんでした。

なぜかというと、長嶋は叱られても笑っていられる、へこたれないタイプの選手だったからです。一方の王は、叱られると深刻に考え込んでしまい、スランプに陥《おちい》る危険性がありました。

そしてチームのほかのメンバーは、「あの長嶋さんでさえも叱られている」と、気合いを入れて練習や試合に臨《のぞ》むようになったそうです。

「士気を下げる」ことをする相手への対策

このように、デメリットが少ない形で「叱られ役」を作るならともかく、周囲の士気を下げてしまうようでは逆効果です。たとえば会社なら、仕事をうまく進めるという目的のために、何かアプローチをしなければいけないでしょう。

そのアプローチには、二つのやり方があります。

一つは上司へのアプローチ、二つ目は叱られ役となっている人へのアプローチです。

上司にアプローチする際に気をつけることは、叱っている最中ではなく、ほかの状況で懐《ふところ》に入ることです。それまで誰も意見を言わなかったから、その上司は部下を叱ることをいいことだと思っています。そこにいきなり「やめましょう」と言っても効果は薄いでしょう。

アドラー心理学で使われる方法として、互いに落ち着いて話ができるときに、「○○さんには、叱るよりもこうしたほうが仕事の能率アップにつながるのではないでしょうか」と伝える形があります。

その上司には、**叱ることで自分の力を見せつけているという部分もあるはず**。部署内からの反対の声を聞けば、それまでのように叱ることをためらうはずです。

また、上司が叱る状況をよく見ていると、さらにその上の上司がいるときだけやっているという場合もあります。こういった場合は、「自分はきっちり指導している」という、その上司へのゆがんだアピールが目的になっています。その場合は、そんな状態を放置しているその上の上司が問題です。

どちらにしても、ことさらに部下を叱るのは、一種のショーであり、スタンドプレーでしかありません。意味なく職場の雰囲気を悪くする行為はやめてもらうに越したことはありません。

また、「叱られ役」の部下も、黙って聞いていることで主従関係に甘んじ、奴《ど》隷《れい》のような状態を受け入れているともいえます。「主」を主たらしめているのは「従」の存在です。こういう人には、周囲の者が自分たちは味方であることを伝え、対策も教えるといいでしょう。

たとえば、叱っている上司に対して、周囲が「いいかげんにしてください」と反撃する。あるいは、本人が「やめて！」と大声で大げさに反応する。

そうされることで、上司はひるみます。もともとスタンドプレーであって、確固たる意志を持って叱っているわけではないのですから。

ワンポイントアドバイス

上司が大声を出す目的は、スタンドプレーかもしれない。

8 なぜか誘ってもらえない

自分だけ仲間外れになっているような気がする……このような不満を抱えている人がいます。

たとえば、

「仕事場の仲間が食事会に誘ってくれない。このままで大丈夫なんだろうか」

こんな悩みです。しかしそんな人には、こう問いかけたいと思います。

「それのどこが問題なんですか?」

仲間だと思っている人たちが、プライベートの誘いをしてくれないのは、確かにちょっと寂《さみ》しいかもしれません。ですが、そのことと、職場における「仕事をうまく進める」という**最大の目的とは別物**ではないでしょうか。

仕事がうまくいっているのなら、職場とプライベートを分けてもまったく問題はないはずです。むしろ、自分の時間を持つことができて好都合かもしれません。

私自身の経験をいえば、新入社員時代に仕事はできるだけ早く切り上げ、同僚や上司とのつき合いも最小限にして、家で中小企業診断士になるための勉強をしていました。

同僚と親睦《しんぼく》を深めるよりも、自分のキャリアのほうが大切。そういう考え方だったのですが、後悔はしていません。

「自分からの法則」で簡単に解決

食事に誘われても行きたくないときだってあるはずですから、誘われないのはむしろ好都合と思ってもいいのではないでしょうか。

まして、自分の世界を会社にだけ限定してしまうのはバランスが悪い。自分の友達になるのは、会社の同僚だけではないのです。

それでも一緒に食事をして親睦を深めたいなら、「自分から」の法則です。誘われないと嘆くよりは、自分から誘って食事会を開くほうが簡単なはずです。動くのは自分であり、それを決めるのもまた自分なのです。

「自分から」とは、たとえばこういうことです。

アドラーは、神経症や不眠に悩む人へのアドバイスとして、他の人を喜ばせることを勧めていました。

パーティーを開き、そのホストとして出席者を喜ばせる。何をすれば喜んでもらえるか、どうすればいいパーティーにできるかを考えて行動することが、神経症や不眠の治療につながると考えたのです。

食事会に誘われなくて悩んでいる人を神経症だ、と言っているわけではありません。そうではなく、食事会に誘われないことに悩んでいるのなら、自分から誘えばいい。フォロワー（リーダーを補佐する人）ではなく、リーダーになって親睦を深めたい人を楽しませればいいのです。

食事会に誘われないことに問題があるとすれば、同僚との関係において自分が受動的になってしまっていること。それを解決するためには、自分が能動的になるのがいちばんの近道なのです。

会社の仲間とうまくコミュニケーションが取れているか、いい関係が築けているか——それを、友人関係になれているか、プライベートでもつき合いがあるかどうかをバロメーターにして計る必要はありません。あくまでも、仕事の達成度で考えればいいだけなのですから。

相手が変わるのではなく、自分が変わるのです。

ワンポイントアドバイス

受動的ではなく能動的な行動を。
誘われないのなら自分から誘えばいい。

9 自分だけ置いていかれているようだ

人からどういう評価を受けているかは働く人にとって、大きな関心事です。

なかには、

「同期が出世して上司になってしまった」

と嘆く声も聞きます。こうした現象は組織で働いている以上、避けては通れません。

「自分は部長なのですが、同期が常務取締役になりました。向こうは浪人しているから一つ年上なのですが、同期は同期。どんな態度でいればいいのでしょうか」

そんな相談を、実際に受けたことがあります。

しかし、アドラー心理学においては、このようなことを気に病む必要はまった

くありません。

　役職の違い、上司と部下の違いは、持っている役割が違うだけであって、その人の人格には何の関係もありません。**人間としてどちらが上か下かということではない**からです。これは、同期であろうと後輩であろうと同じです。

　アドラー心理学での人間関係は、「横の関係」が基本であり、「縦の関係」で考えるのは誤りなのです。

　私はその人に、こう答えました。

「その人をどんどん出世させるといいですよ。直接の上司だから引け目に感じるのであって、もっと出世させてしまえば、むしろ差が気にならなくなる。上司の手柄を積み上げて、もっと出世するバックアップをしましょう」

リーダーシップの効果を高めるのは、「フォロワーシップ」です。フォロワーシップとは、フォロワーが、組織の目指すゴールへ向かって、能動的に働きかけることをいいます。人からの指摘を上手に受け入れ、フォロワーシップを発揮すれば、そのことが評価され、自分の出世にもつながるはずです。

出世する人には、そうなるだけの能力や魅力があるものです。それを認め、自分にないものを持っている人から学ぶ度量、気構えを発揮すればいいのです。

「年上・年下」にとらわれていませんか

そもそも、日本人は年齢を気にしがちではないでしょうか。

四十代になってまで、「あの人は同い年だけど早生れで学年は違うから」などと言うことさえあります。年齢や学年が一つや二つ違うことが、社会人として大きな違いだとは思えないのですが……。

西洋社会だということもあり、**アドラーには年上、年下という考え方がありませんでした。**

重視したのはあくまで「横の関係」です。また、アドラーは子どもの頃、留年も飛び級も経験しているので、年齢や先輩・後輩の関係を意識することはなかったのでしょう。

外国の企業に「同期会」なんてありません。「同期が上司になった」「後輩に出世争いで先を越されてしまった」というのは、日本にいる人たちだけが興味を持っていること。日本の外から見たら、どうでもいいことなのです。

ワンポイントアドバイス

成功している人に負い目を感じる必要はない。
そこから学び、応援するだけ。

10 あの人ばかり恵まれている

私たちは、どうしても人と自分を比較してしまうものです。「隣の芝生は青く見える」というわけで、人の環境をうらやんでしまったりします。

自分と人を比較するとき、そこには劣等感の心理が働きます。「自分のマイナス」と「人のプラス」を比較してしまうのです。これでは勝ち目がないのは当たり前のこと。人と比較するときの自分は、自分以外の人間をうらやましがったり、自分の境遇を嘆きたがっているということです。

それは、ただのゲームでしかありませんし、やる必要はありません。

たとえば、自分が広告代理店で働いているとしましょう。

「あいつはクリエイティブの部署で、話題のＣＭをバリバリ作っている。自分は、経理に回されてしまった。こんな仕事、やりがいがないよ」

そういうふうに考えている人は、仕事の「やりがい」をうらやましく感じているわけです。

しかし、逆のパターンだってあるはずです。クリエイティブ部門の人が、経理の人間をうらやましがっているかもしれません。

「自分は毎日のように、終電まで働かされて身も心もボロボロだ。それに比べて、経理のあいつは定時に帰れて休日出勤なんかもなく、プライベートも充実してそうだ。同じ会社なのに、どうしてこんなに違うんだ」

もしかしたら、そう思われているかもしれないのです。

結局、どの部署がいいとか悪いとかではないということです。

アドラー心理学で考えれば、与えられた環境を、どのような気持ちで受け取り、どう意味づけするかは、その人自身にゆだねられているのです。

より長期的な、より広い視野でとらえてみると

また、人との比較は「今」だけを基準にしてしまいがちです。

考えるべきは、今の状況が未来の自分にどんな影響をもたらすか、自分の成長にどうつながるかではないでしょうか。今の状況が十年も二十年も続くと考えることがそもそもの間違いです。

先の例でいえば、経理の人も、いずれクリエイティブ部門に戻ってあくせく働くことになるかもしれません。そうなったときに、経理部で身につけたコスト感覚は必ず役に立ちます。

逆に、クリエイティブ部門の人が、ライフワークバランスにおいて恵まれた経理の部署に行くかもしれません。その際、クリエイティブでつちかった発想力は、役に立つはずなのです。

意に沿わない仕事が、自分の成長の役に立つということもあるのです。回り道

にもメリットはあります。

ここで大切なことは、仕事の課題に直面したときに、より長期的に、より広い視野でとらえることでしょう。

「今の仕事が自分にとって長期的にどういう意味があるのか」のみならず、「今の仕事が組織全体にとってどういう意味があり、そのことに自分がどう貢献できるか」を考えることです。

その意味でも、アドラーの「あらゆる課題は、人間社会の枠組みの中で、人間の幸福を促進《そくしん》する仕方で克服されなければならない。**人生の意味は貢献である、と理解する人だけが、勇気と成功の好機を持って、困難に対処することができる**」の言葉をかみしめたいものです。

ワンポイントアドバイス

与えられた環境をどのように受け取り、どう意味づけするかは自分しだい。

2章

小さなことでイライラしてしまう

——「原因」ばかり探さなくていい

11 相手との「価値観の違い」に戸惑う

この2章では、自分の経験・立場から見たときに相手に感じる、さまざまなモヤモヤについて考えていきたいと思います。

自分は若いつもりでいても、つい、「今どきの若いやつらは……」と嘆いていたりしませんか。自分の世代と感性が違うことを相手に感じる瞬間は、多くの人が持っているはずです。

とはいえ、そういう自分自身も、かつては「今どきの若いやつ」だったのではないでしょうか。そこからの**さまざまな人生経験で、今の自分がいる**のです。

たとえば、新入社員は、当然ながら会社の風土や人間関係、習慣に慣れていません。社会人としてはできて当然の礼儀なども、まだ学んでいる最中です。

そう考えれば、できないことが多かったり、組織の中では当たり前のことがわからないのも当たり前。

たとえば、

「最近の若い人は、ちょっと食事に誘っても平気で断わってくる。それどころか部内のイベントにすら積極的に顔を出そうとしない。そういう場で取るコミュニケーションも大事なのに」

そんな思いを持つ人は、昭和の時代のいわゆる〝飲みニケーション〟を当たり前だととらえていないでしょうか。もしかしたら、かつては自分の意思がどうであろうと参加するのが当たり前だったのかもしれません。でも、今はよくも悪くも環境も時代が違っているのです。

若い人がそういう席に出ようとしないのは、自分より世代が上の人間と飲食の席でコミュニケーションを取る必要を感じていないのかもしれません。

同世代の仲間内でワイワイやることはあるでしょうが、それも昨今なら、いわゆる〝家飲み〟で、缶ビールやノンアルコール飲料で充分なのでしょう。

「知らない文化」を強要しても……

つまり、社会経験を積んだ人と新入社員とでは、持っている文化が違うということです。知らない文化を強要され、「こんなこともできないのか」と怒られたりバカにされたりしたら、イヤになるのも無理はありません。

文化とは、組織や地域特有の価値観と、それに基づく行動パターンのこと。若い人が組織内での文化を身につけていないのであれば、それに対して怒ったり嘆いたりするのではなく、まず、文化を伝えることが必要なのです。

以前、テレビで見た話ですが、アメリカ人が感じる日本人の不思議な慣習として、居酒屋などでお酒を注ぎ合う光景が挙《あ》げられていました。「コップが空いているなら、自分で注げばいいだけのことなのに」というわけです。

外国人であれば、日本の文化、慣習を知らなくても当然。

先ほど、若い人の現状を嘆いていた人だって、外国の人相手だったら、「日本ではこうするんですよ」とお酒の席に限らず、銭湯や温泉でのマナーなどを伝えることに抵抗などないはずです。

いってみれば、若い人も外国人と同じでしょう。社会人として、組織の一員としての文化を知らない人には、こちらから伝えればいいのです。

このときも、あくまで上から下に押しつけるのではなく、「横の人間関係」で自分の意見を言うだけ。それに賛同するかどうかは、相手が決めることですから。

相手がどうなのかではなく、自分がやるべきことは何かを考える。それがアドラー心理学の鉄則であり、それは世代ギャップを感じる相手でも変わりがありません。そして、若い人にこれまでとは違う文化を伝えることは、組織に対しての共同体感覚（自分の居場所を作り、他者のことを考え、周囲の人たちを信頼して役立とうとする感覚）を持つための「勇気づけ」でもあると言っていいでしょう。

ワンポイントアドバイス

相手の価値観に対しては、「横の人間関係」で自分の意見を言うところまで。

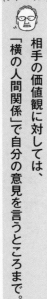

12 人の行動にイライラする

「○○警察」という言葉が流行語になってしまうように、人の言動や行動が気になって仕方がない、という人が増えているようです。

たとえば、一緒に仕事をしていても、人のアラや失敗が目についてしまう、という状態です。

一緒に仕事に取り組んでいる仲間が、みな経験豊かで優秀な人材ばかりならいいのですが、そんなことはほとんどありません。ミスにイライラしたり、頭を抱えたりということは常に起こるでしょう。

「あいつはいつも失敗ばかりしているんだよな。注意すると黙ってしまうから指導のしようがないし……」と困っている――そんなときは、まず自分の認識そのものを考え直してみてはいかがでしょうか。

本当に「いつも」「失敗ばかり」しているのだろうか、と。

一日に五回も六回も失敗しているというのなら「いつも」と言っていいですが、そんな人はめったにいません。失敗したとしても、多くたって週に二、三回といったところではないでしょうか。それは「失敗ばかり」なのでしょうか。

こうした認知上のゆがみを「ベーシックミステイクス」といいます。

相手の存在をゆがんだ形で、誇張してとらえてしまっているのです。そして、**誇張してとらえているがゆえに、自分も極端な反応をしてしまう。**

「あいつはダメだ」とレッテルを貼り、失敗という行為そのものだけでなく、人格上の問題にまで踏み込んでしまうのです。

また、誰しもいつも以上に注目されたり、関心を向けられるほど、動揺しがちになります。失敗も同じで、指摘されればされるほど失敗しやすくなる。「また失敗するんじゃないか」「前もやっちゃったんだよな」と気にしてビクビクするあまり、同じ失敗をくり返すわけです。

そうすると、その人にとっては「失敗する自分」が自己イメージになり、自分はダメな人間だと烙印《らくいん》を押すようになる。これでは、失敗を防ぐという目的からは遠ざかるばかりです。

「なぜ?」と問いただしてもうまくいかない

つまり、失敗ばかりする人を生み出しているのは、そういう目で見ている人にも原因があるといえます。

たとえば、人に注意する際に、「WHY」の問いかけをしていませんか。

「どうしてこんなことになったんだ」「なんでこうなるまで言わなかったんだ」と問い詰めても、問題の解決にはなりません。むしろ相手は心を閉ざして、黙ることで相手の「怒りという嵐」が過ぎ去るのを待つだけになってしまいます。

アドラーも「『なぜか』という質問は答えにくい質問である」と言っています。

「なぜ」という原因を問う質問への答えには五〇パーセント以上、ウソが混じるともいわれています。

　ここで大事なのは、「なぜ」という原因論ではなく、アドラー心理学の**目的論**です。人は原因によって行動するのではなく、目的のために動くのだ、という考え方です。何のために相手を注意するのかといえば、仕事を成功させるため。であれば、必要なのは「どうやって対処すればいいだろう」「私に協力できることがあるとしたら何かな」という問いかけになります。

　そうすることでトラブルに対処し、仕事を成功に導くことができるでしょう。また、相手は失敗して怒られることにビクビクする必要がなくなるので、そもそもの失敗自体を減らすことにもつながります。

　人の行動も、気にしている側の認識と対応しだいで、その原因そのものを解決することができるのです。

ワンポイントアドバイス

相手に「なぜ」でイライラをぶつけない。

13 つい、感情的になってしまう

何か失敗した相手に対して、「なぜだ」と原因論で問い詰めても効果がない、と前項でお話ししましたが、指摘される側の心理もアドラー心理学で考えるとよくわかります。

ここでも先ほどの「目的論」が関わってきます。失敗を指摘されると黙り込んでしまうのは、「これ以上ボロを出したくない」「自分への攻撃を少しでも回避したい」ということがその人の目的になるからです。

自分は攻撃されている、あるいは人格を否定されていると感じてしまうと、心を閉ざして嵐が過ぎるのを待つようになります。そういう人に対して、「なぜ黙っているんだ」と怒ったのでは、余計に逆効果です。

これでは、とても「失敗から学ぼう」という気持ちになんかなれません。

本来、相手がやったことについて、問題点を指摘したり、注意したりするのには目的があるはずです。

それは、相手の不適切な行動習慣を改めてもらうこと、一段上のレベルに成長してもらうことなのではないでしょうか。

たとえば、やる気が見えない人に注意するのは、その目的はやる気を起こさせることです。相手に「こうあってほしい」という**期待を伝え、信頼関係を強めることが大事**なのです。

「君に成長してほしいんだ」「こういう素質があるのだから、そこをもっと磨いてほしい」と、目的を相手に伝えればいいのです。

「叱る」と「注意を与える」の大きな差

『広辞苑』によると、「叱る」とは、「(目下の者に対して) 声をあらだてて欠点をとがめる」こと。それに対して「注意を与える」とは、「相手に向かって、気をつけるように言う」こととなっています。ここでもわかるように、失敗した相手に対しては、叱るよりも注意を与え、助言することのほうが適切です。

この二つの違いは、感情的になっているか否《いな》かの差でもあります。

感情的になってしまうから声をあらだてて「なぜだ」と言ってしまうのです。

アドラー心理学では、感情は何かをする目的のために使われると考えます。

叱るときの感情は怒りです。自分が言っていることが適切だと相手に従わせるのが目的になり、それを達成するために怒りの感情が生み出されているのです。

また、怒りは「二次感情」だともいわれています。心配、落胆、寂しさなどの「一次感情」が、怒りという二次的な形をとって表われるということです。

たとえば、心配していることから生じる怒りがあります。

お酒を飲みすぎる夫の体が心配なあまり、「どうしていつも飲んでばっかりいるの!」という怒りにつながるわけです。「仕事をしっかりやってくれない」という期待はずれの感情が怒りになることもありますし、組織の中に居場所がない寂しさが、「なんで自分がこんな部署に」という怒りにつながる場合もあります。

怒りによって感情的な行動に出そうになったときは、それが「二次感情」なのではないか、と立ち止まってみましょう。

そうすれば、自分の「一次感情」は、期待はずれ——期待していたのに応えてもらえなかった——だったことがわかります。それがわかれば、まず相手への期待やこうなってほしいという目的を落ち着いて伝えることもできるはずです。

「人間の感情には、他者を結びつける感情と離反させる感情しかない」とアドラーは言っています。

怒りの感情をぶつけては、相手の心を離反させるだけ。相手の失敗に対しても、まず自分の感情を見つめてから行動を起こせば、その後の結果は変わってくるはずです。

ワンポイントアドバイス

その怒りの感情は、相手を支配しようとしているだけではないか。

14 人をほめるのが苦手

昨今は、「ほめて伸ばす」やり方が、相手のやる気、能力を引き出すために必要だという論調が多く見られます。

しかし、相手のいいところを見つけ、一所懸命ほめているのにそれが伝わっているように思えなかったり、そもそも、ほめるのは苦手という人も多いでしょう。

アドラー心理学に沿って考えると、これは「勇気づけ」がうまくいっていないということになります。

「勇気づけ」とは、相手に困難を克服する活力を与えること。簡単にいえば、**「自分でできるようになる」ことを手助けすること**です。

なので、相手に対して勇気づけをすればそれで終わり、というわけにはなりません。勇気づけられた側が、結果として自分で自分を勇気づけられるようになる――それが真の意味での勇気づけです。

そのためには、単に「よくやったね」とほめるのではなく、「おかげで私も助かったよ。すごくうれしかった」と感謝を伝える。自分が貢献できたこと、自分が役に立っていることを、上下の関係ではなく、横の関係から強調するのです。

「ほめて伸ばす」のは必ずしも正しいわけではない

ほめることは、互いが上下の関係であることを前提とした「上からの評価、賞賛」でもあります。

これはいわば、「アメとムチ」のムチを隠した状態ともいえるでしょう。しかし、実質はムチと変わりません。

人が「ムチ」の存在を感じて動くのは、「外発的動機づけ」と呼ばれるもので、この場合は、「怒られるから仕方なくやる」という状態です。

これは「アメ」でも同じこと。「ほめられるからやる」わけなので、やはり「外発的動機づけ」なのです。

また、アメとムチというような「外発的動機づけ」は、使い続け、刺激を高めていかないと効果が薄れるという問題点があります。

そして、アメを与え続けると、人はそのことに依存するようになります。

人をほめて伸ばそうとすると、相手は「もっとほめてほしい」という依存状態になり、ほめられなければ動かない人間になってしまいます。これでは、いつまでたっても成長はありませんし、自立した人間になれません。

こうなると大事なのは、ほめることではないとわかってきます。

人を成長させようと思うなら、**必要なのはアドラー心理学でいうところの、自立をうながす「勇気づけ」**なのです。

勇気づけは、相互の信頼関係が条件となります。

実際、いつも皮肉ばかりの人から突然、「ありがとう」と言われても半信半疑になりますね。

そして、たとえ信頼関係が築かれていても、相手の目をしっかり見て伝えることも重要です。表情や身振り手振りによっては、伝わるメッセージも伝わらなくなってしまう可能性があるからです。

発信者が誰か、受信者がどういう人か、正しい手段で伝えているか、そしてお互いの信頼関係が成り立っているか。

こうした条件の上で「勇気づけ」ができれば、ほめられるという「アメ」に依存することなく、自立した人間に成長していけるのです。

ワンポイントアドバイス

単にほめるより、その人が貢献できたこと、役に立っていることを伝える。

15

「困った人」に対してどうするか

アドラー心理学で「甘やかし」と表現する人間関係があります。

たとえば、勤務中にあからさまにサボっている人に対して、注意をしてもやめないという状態になっていたとします。

注意しても変わらないということは、「一応、注意はした」という言い訳と、「禁止されたわけじゃない」という意識が成立していることであり、言い方を変えれば「これくらいならいいんだ」と黙認し、されているのと同じです。

これが、まさしくアドラー心理学でいう「甘やかし」の状態です。

甘やかされると、人間は自立心と責任感を育てることができなくなります。

ここで必要になるのは「共同体（家族、地域の他に、会社や学校などの自分が所属する組織)」の意識です。

アドラー心理学では、小さな共同体の秩序は、より大きな共同体の一部でなければならないと考えます。

注意する側と無視する側といった個人間の関係ではなく、より大きな共同体、つまり、組織全体の秩序の一部という、より大きな枠組みで判断すればいいのです。

「仕事に集中していない人がいる。困った」という問題は、組織全体という枠組みで考えれば明確な就業規則違反です。

そして、そんな状態に気づいていても止められない側も、組織という共同体のルールに背《そむ》いているということになります。

そんな状態を本当に改善したいのなら、個人間の悩みではなく、組織全体の問題として議題にするなど、大きな共同体のルールに従った対策も必要になってくるでしょう。一人の不適切な行動を、個人間の関係だけで片づけようとする必要はないのです。

問題の根っこは、現状への不満や反発？

また、根本的な問題の解決のためには、その仕事に集中していない人が、不適切な行動をする理由（目的）を探ることも必要です。

アドラー心理学では、不適切な行動には四段階の目標（ゴール）があるとされています。①「注目」、②「権力闘争」、③「復讐《ふくしゅう》」、④「無気力の誇示」です。

最初は注目を集めるため、自分をもっと見てほしいために問題を起こし、うまくいかないと次の段階では、どちらの力が上なのかを示すために問題を起こす。それでも好転しない場合は、さらに不適切な行動で相手に復讐しようとし、最後にはやる気のなさをアピールする。

公然とさぼっている状態は、二段階目の「権力闘争」か、三段階目の「復讐」でしょう。注意する側との闘いに勝とうとしているか、そういう人や組織に対して仕返しをしようとしているわけです。

ということは、その人は仕事にやりがいがない、置かれた立場が気に入らないといった不満や反発が、「権力闘争」や「復讐」につながって、それをさぼるという形で表現しているのではないでしょうか。

つまりこの人は、勇気をくじかれた状態だということです。

必要なのは、注意することよりも、仕事にやりがいを感じさせ、**共同体感覚**を養うことができれば、さぼったりしようとは思わなくなるでしょう。

ここで**大事なのは、「勇気づけ」はこの共同体感覚を持つために行なうものだということ。**

勇気づけと共同体感覚は、アドラー心理学における車の両輪なのです。

ワンポイントアドバイス

不適切な行動をする人には、そうしなければならない四段階の理由がある。

16 「あなたのため」と思ってやっているのに

「あなたのためを思って言っているんだ」というセリフを聞いたことがありませんか。

たとえば仕事の場でも、子どもに対しても、言う側にすれば、「あえて嫌われ役を買って出ているんだ」と、心を鬼にしていることを自負しているのでしょう。

しかし、そういった態度が本当に効果があるのでしょうか。相手のためになっているのでしょうか。言った側は手応えを感じることができず、言われた側も本心から納得できないというすれ違いが起きていませんか。

すでにお話ししたように、大事なのは、問題を指摘するときは、叱るのではなく注意を与え、勇気づけること。そして勇気づけることで、共同体感覚に導くことです。

いくら「あなたのためなんだ」と言っても、その表現の仕方が「怒り」であっては意味がありません。

相手は勇気をくじかれ、「失敗したらまた怒られる」と萎縮《いしゅく》し、結局は同じミスをくり返したり、不適切な行動を改めないままということになってしまいます。

人に注意を与えるときに、「あなたのため」などと言う必要はないのです。

相手に伝えるべきは、まず、「一次感情」。先ほどお話ししたので、おわかりでしょう。


「あなたがああいうことをするのを、私はすごく残念に思うんだ」


このように、自分の「一次感情」をしっかりと伝えることが、真の勇気づけにつながるのです。

「厳しいことを言うのは、あなたのためなんだ」という言い方は、つまり、二重の意味で間違っているということになります。厳しいことを言う、叱りつけるという行為がまず間違いですし、「あなたのため」というのも本当かどうか疑わしいものだからです。

これほど本心が疑わしい言葉はない？

アドラー心理学で見ると、勇気づけには三つの段階が存在します。
①「相互尊敬・相互信頼の関係の中で行なうこと」、②「相手が自分自身を勇気づけられるようにすること」、③「共同体の役に立つようにすること」です。

厳しい言葉を投げつけながら、「あなたのためなんだ」と言っても、説得力はありません。

相互の尊敬、信頼関係がなければ、何を言っても効果がありませんし、単なる意見の押しつけです。そういうときに「あなたのため」と言われても、にわかに信じることなどできないでしょう。

ではその逆に、ただやさしくすればいいのでしょうか。それも結局は「アメとムチ」のアメであって、悪《あ》しきパターンの一方の極端な例というだけです。

厳しくすればいい、あるいはやさしくすればいい――そういう単純なことではありません。

勇気づけはお互い信頼した関係の上で行ない、相手が自分で自分を勇気づけられることを目指し、最終的に共同体の役に立つよう行なうのが重要なのです。

そして、その際に振り返らなければいけないのは、自分自身の「一次感情」です。相手を心配している、期待しているといった気持ちをしっかり表現することこそが、勇気づけの根本なのです。

ワンポイントアドバイス

勇気づけには、三つの段階があり、最終段階は共同体の役に立つこと。

17 自分の「居場所」がないと感じるとき

毎日働いていて、なんとなく自分の居場所がここではない気がする――こんな感情を抱いてしまうことがあります。こんな感じの中では仕事をしていても楽しくありませんし、うまくいきません。この感覚とはどういうことなのでしょうか。具体的には、組織への所属感がなく、周囲の人が信頼できず、自分がそこに貢献しているとも思えない。

こうした心理的な要素に分割して考えることができます。

ここで指している「居場所」とは、物理的な場所のことではありません。社会的な問題になっている引きこもりの人たちにも、物理的には自分の部屋という居場所はあります。しかし、心理的な所属感がないために「居場所がない」

と感じてしまうのです。

心理的所属感を得るためには、周囲の人たちを信頼することが必要です。

そして、その信頼する人たちのために役に立つ、つまり貢献する。そうすることが心理的な所属感につながり、自分の居場所があるという感覚、すなわち共同体感覚に向かっていくのです。

アドラー心理学独自の考え方であることの「共同体感覚」を得るためには、所属感、共感、信頼感、貢献感を実感しながら行動できるようになることです。

逆にいえば、これらが欠けていたり、実感できない状態だと共同体感覚を得ることができません。今いる組織に居場所がないと感じる人も、まずは仕事場の人たちに対する信頼感を育《はぐく》むことが大事だといえるでしょう。

「信頼してもらう」ためには自分から

この信頼感には、二通りの意味があります。

自分から信頼するか、相手から信頼されるかです。この二つを兼ね備えている状態が「相互信頼」です。

相互信頼を実現するためには、相手から信頼されることだけを待っていても仕方ありません。自分が最も変えやすいのは他人ではなく自分自身。ですから、まずは自分から相手を信頼することがスタートです。

たとえば、仕事場の人たちがみんな仏頂面《ぶっちょうづら》で、挨拶《あいさつ》もしてくれないような状況でも、自分から率先して挨拶をする。自分から先に、より多くの信頼を相手に与える。「あっちが無愛想なのだから、こっちも挨拶しなくていいや」では、何も始まりません。

最初は、挨拶を返してくれないことに腹が立つかもしれません。何度、挨拶をしても、状況は変わらないのではないかという不安を抱くこともあるでしょう。それでも自分から挨拶する——つまり、**信頼し続けることが大事**なのです。

「誰かが始めなければならない。他の人が協力的でないとしても、それはあなたには関係がない。私の助言はこうだ。あなたが始めるべきだ。他の人が協力的であるかどうかなど考えることなく」

このアドラーの言葉は、自分を変えることで環境を変えたいすべての人に贈りたい重要なメッセージです。

ワンポイントアドバイス

他人ではなく、まず自分の行動から始める。

18 つい、何かに逃げたくなってしまうとき

日常のストレス解消に、お酒を飲むという人は多いことでしょう。

なかには、毎日飲まないと眠れない、就職してからお酒の量が増えてしまったという人もいます。仕事でうまくいかないことがあったから、お酒におぼれてしまうというわけです。

しかし、うまくいかないことがあったのは、就職してからの話だけではないはずです。お酒を飲めない子どもにだって、うまくいかない経験はたくさんある。仕事のストレスでお酒が過ぎてしまうという人には、子どもの頃のことを思い出してみてほしいと思います。

『7つの習慣』という世界的ベストセラーで有名な、スティーブン・R・コヴィ

ー博士は、「相互依存」という言葉を使っています。これは、「互いに協力する」という意味とも取れ、依存は悪いものばかりではないということです。

健全な依存は、むしろ必要なことです。誰からも、何からも助けや協力を得られない生き方は、どうしても苦しいものになってしまいます。大事なのは、依存（協力）を求める対象と習慣です。

よくないのは依存すること自体ではなく、お酒などに頼りすぎてしまうこと。そして、常に頼ってしまうことなのです。

では、お酒におぼれてしまう理由を考えてみましょう。

アドラー心理学に沿って考えると、重要なのは「なぜ」ではなく、「何のために」です。

アドラーは行動の理由について、原因ではなく目的を求めました。これが、**「目的論」**です。先ほどお話ししたように、**人は原因によって行動するのではなく、目的のために動くのだとアドラーは考えました。**

ここで挙げた例の場合、お酒におぼれてしまう原因は、「仕事がうまくいかない」ことです。しかし、この「原因論」で考えても、解決にはなりません。仕事がうまくいっていない人が、みんなお酒におぼれるわけではないのです。

それは社会的関心か、個人的関心か

では、「目的論」で考えると、どうなるでしょうか。

お酒を飲む目的は「ストレス解消」ということになります。ということは、お酒以外のストレス解消法を考えればいいということになります。

ジムに行って汗をかいてもいいでしょうし、ゴルフや釣りなどの趣味を持つのもいい。子どもの頃を思い出せば、友人とおしゃべりしたり、ペットと遊んだりすることが自然なストレス解消になっていたと気づくことができるはずです。

こうして目的論で考えることで、お酒におぼれない可能性がたくさん見えてきます。

ここで注意してほしいのは、**何かに集中的に依存しない**ことです。

お金やスピリチュアルといったものへの依存は、そればかりに頼ってしまいがちになる危険性があるものです。

SNSも同じかもしれません。お酒も同様で、楽しく飲むことは否定しませんが「耽溺《たんでき》してしまう」ことがまずいのです。依存はいろいろなものに分散させることをお勧めします。

アドラー心理学の共同体感覚は、英語ではソーシャル・インタレスト（社会的関心）といわれます。その対義語は、セルフ・インタレスト。個人的関心です。つまり、自分本位になってしまっている。そういう人がお酒に逃げてしまうのです。社会的関心を抱き、信頼や共感、貢献を大事にすれば、いい意味での依存もしやすくなるでしょう。また、共同体感覚を養うことで、仕事もうまくいくようになるはず。そうなれば、お酒におぼれる原因そのものもなくなります。

ワンポイントアドバイス

たとえば、過度の飲酒が「ストレス解消目的」とわかれば、打つ手がある。

19 どうもよく眠れないとき

「仕事が忙しくなって、眠れなくなった」という相談を受けることがよくあります。

仕事が大変なために、神経質になってしまっているということなのでしょう。「夜十時半にはベッドに入るのに、なかなか眠ることができないんです。やっとウトウトしてくるのは夜中の一時半ごろ。それでも、朝方四時半には目が覚めてしまいます。それからは、起きなければならない七時まで眠れないままです」

こういう人に対して、「では、眠れるようにしましょう」と、呼吸法などを教えるのは、正しいカウンセリングとはいえません。根本的な問題を解決しないままで眠れるようになっても、部分的な対処にしかならないからです。

必要なのは、眠ろうとしても眠れないときに、その人の頭の中にあるのはどんな思いなのかをしっかりと聞き出すことです。掘り下げていくと、仕事について困ったことがあるという場合も多いのです。

「実は……部下が造反《ぞうはん》を起こしているのです。集団で会社を辞めようとしていて、私は上司としてそれを食い止めなければならない。自分にそれができるかどうか自信がないのですが、数日後には造反した部下の代表と直接話すことになりました。そのことを考えると眠れないんです」

そう話したのがAさんでした。つまり、このAさんがよく眠れるようになるためには、アドラー心理学でいう**「ライフタスク」**への取り組みが必要だということです。

「何を解決すればいいか」がわかる

ライフタスクとは、人生で取り組まなければならないさまざまな課題のことで、

大きく次の三つに分けられます。

①仕事のタスク――従事している仕事の課題。学生にとっての学業など

②交友のタスク――友人や会社の親しい同僚など、永続するが運命をともにしない人間関係の課題

③愛のタスク――夫婦のような永続し、運命をともにする親密な人間関係の課題

Aさんの例は、②の「交友のタスク」だと考えられます。ということは、不眠を解消するためには、交友のタスクに取り組んで解決を図り、不眠を解消するのが、本当の意味でのカウンセリングなのです。

見方を変えれば、眠れない人は自分に対して、不眠という形で「ライフタスクを解決せよ」と言っているのです。**アドラーは、不眠のことを「自分に対する見張り役」だと言っています。**

パナソニック創業者の松下幸之助さんも、生涯、不眠だったといいます。それでも九十歳以上まで長生きして、世界的な業績を残しました。

松下さんは、眠れないときには深夜でも秘書の江口克彦さんに電話し、「君の声を聞くと安心するんや」と言ったのだとか。そして会話の中で新たなアイディアを思いつくと、それをメモに書き留めたそうです。松下さんの不眠は、自然に「仕事のタスク」を解決しようとしていたことだったのかもしれません。

眠れない夜というのは、自分の脳が「課題の解決を考えろ」と言っているのだとも考えられます。

つまり、不眠は課題に気づくためのヒントであり、重要なギフトでもあるのです。そして、課題に気づき、それを解決すれば、眠れないということもなくなるでしょう。

ワンポイントアドバイス

眠れない夜は、今、取り組むべき課題の解決を考えるためにある。

20

悩み事がつぎつぎ湧いてくるとき

前項では、たとえば不眠を解消させるためにも「ライフタスク」に取り組む必要があることをお話ししました。

このように、物事を根本的に解決し、前に進めるためには課題から逃げずに、それに正面から向き合うことが大切です。

向き合うことを避けていると、いつまでも「悩む」状態から抜け出せません。少しでも早く抜け出すためには、その課題に直面して「困る」のです。

アドラー心理学では「悩む」より「困る」ことが求められます。

簡単にいってしまえば「案ずるより産むが易《やす》し」。

物事の大半は、実際に向き合ってしまえば、意外と難しいものではないのです。

ちなみに、アメリカの大学が調査したところによると、人間が抱く不安のうち、じつに九五パーセントは、実際には起こらないものだという結論が出たそうです。

課題にしっかりと向き合い、それを解決する——そのためには、困難を分割して段階を踏む。そうやって自分を勇気づけていく。アドラー心理学を使って考えることで、自分のやるべきことがわかり、悩んでいる自分を変えていくことが可能なのです。

たとえば、大きなプロジェクトを任されて不安で仕方がない。そんなときにも「まいったなぁ」と悩むのではなく、まず自分がやるべきことは何かを考え、その課題を解決していけばいい。

カウンセリングやセミナーで私がよくする話に、「毒矢のたとえ」があります。お釈迦《しゃか》さまに対して、悩みの多い人がたくさんの議論を持ちかけてきたことがあるといいます。それに対して、お釈迦さまはこう答えたそうです。

「もし、あなたに毒矢が刺さったらどうしますか？　誰が矢を放ったのか、それはなぜなのか、どんな毒が使われているのか。そんなことを考えていては、毒が体中に回って死んでしまいます。大事なのは、まず矢を抜くことではありませんか」

やるべきは目の前の事実という課題に向き合い、それに対処することだとお釈迦さまは諭《さと》したわけです。

「今起きていること、今やるべきこと」だけ考える

同じような話は、日本にもあります。

鎌倉時代、北条時宗《ときむね》が建長寺《けんちょうじ》を訪ねて、宋からきた禅僧・無学祖元《むがくそげん》に、「元《げん》（モンゴル帝国）が襲ってくるかもしれない。どうすればいいだろうか。日本が滅びてしまうのではないか」という不安を打ち明けたそうです。

すると、無学祖元は一言、こう答えました。

「莫妄想《まくもうぞう》」（妄想することなかれ）

仏教用語で「妄想」とは、真実ではないことを真実だと思い込んでしまうことだとされています。現実にはなっていないことに思い悩むのは、妄想でしかないのです。

現代の仕事においても同じことがいえるのではありませんか。大きなプロジェクトを任されたとき、妄想をめぐらせて、「もしこうなったら」「こんなことが起きてしまうんじゃないか」と不安ばかりつのらせても仕方がありません。**考えるべきは今、起きていることであり、自分がやるべきこと**なのです。

お釈迦さまの話も、無学祖元の話も、アドラー心理学に非常に近いものを感じます。アドラー心理学を勉強していると、東洋思想と似た部分が多いことに気づくのです。アドラー心理学が日本人にとって理解しやすいのはこういうところにもあるのでしょう。

ワンポイントアドバイス

課題を避けて「悩む」のではなく、課題に直面して「困る」。

3章

いろいろ気になることがあって

——一つにまとめずに「分解」してみると……

21 今の仕事は自分に向いていないのでは、と思うとき

毎日忙しく働いていれば、悩みはつきものと言っていいでしょう。

さまざまな困難にぶつかり、「自分はこの仕事に向いていないんじゃないか」と考えてしまうこともあるはずです。

たとえ就職活動の結果、自分が希望する会社に入ることができたとしても、必ずしも希望する部署に配属されるとは限りません。テレビ局に就職しても、制作を希望していたのに営業に回されてしまうこともあります。

会社という組織で働く以上は配属先というものがあり、それは自分で選ぶことができません。希望する部署から異動になってしまうこともある。しかしそれは、意に沿わない配属先から異動になるかもしれないということでもあります。

一年、二年という単位で見れば「向いていない職場」はあるかもしれません。

しかし五年、十年という単位の中では、異動以外にも仕事内容の変化、気が合わない上司や同僚の異動・退職など、さまざまな変化が起きるわけです。

短い時間で自分の向き不向きを決めてしまうのは、あまりにも早計《そうけい》。

そういう考え方では、結局、どの職場でも「自分は向いていないんじゃないか」と悩み続けることにもなりかねません。

アドラーは、教育学者ヨハン・ハインリッヒ・ペスタロッチの言葉を引用し、「環境が人を作る」と言うと同時に、「人が環境を作る」と言いました。アドラー心理学では、この後者の言葉こそ重要なのです。

置かれた環境をどうとらえるか

これはアドラー心理学の軸である「自己決定論」に関連しています。

「自己決定論」とは、人間は過去や環境で運命が決まるのではなく、自ら運命を

創造する力があるということ。

あなたが、たとえ劣悪な環境で育ったとしても、もし体に障害があったとしても、そのこと自体があなたの運命を決めるのではなく、今のあなたが自分の意志によって運命の主人公として生きることができるという考え方です。

会社に置き換えて考えれば、職場への不適応感は会社が与えたものではなく、自分自身が感じるものであり、置かれた環境をどうとらえるかは自分で決められるということです。

そもそも配属先どころか希望する会社に入ることができず、第二志望の就職先になってしまったという人も多いでしょう。その場合も同じこと。自分が置かれた環境をどうとらえるかは自分しだいなのです。

私が以前働いていた会社の上司が、経済評論家の三鬼陽之助《みきようのすけ》氏の言葉「第二志望の人生」の話をしてくれたことがあります。

三鬼氏は「優れた業績を残した経営者でも、多くは第一志望の夢破れ、第二志望、第三志望の人生を歩むことを余儀《よぎ》なくされ、それだからこそ劣等感をバネに成功を収めた」と述べていたそうです。
その上司自身、東大法学部を卒業したものの、就職先は中堅企業で、「第二志望の人生」を送ってきました。同窓生にはキャリア官僚、弁護士などエリートコースを歩んでいる人も多い。その中で「負けてたまるか」と頑張ってきたから営業部長になることができたといいます。

どんな環境でも、しっかりと生きることはできます。与えられた場所で懸命に生きるか、後悔と挫折ばかりを感じるか。どちらがいいのかは明白です。

長い人生の中で、地を這《は》うような経験をしておくのも悪いことではありません。不本意な職場でも頑張って仕事をした経験は、必ず自信につながります。不本意な場所をどうとらえるか。頑張るのか、空疎《くうそ》な時間を過ごすのか。それは自分自身で決められることなのです。

ワンポイントアドバイス

置かれた環境をどうとらえ、どう対応するかは自分が決めること。

22 仕事は好きだが人間関係が……というとき

仕事が自分に向いているかどうかだけでなく、人間関係の悩みも職場にはつきものでしょう。仕事は好きなのだけれど、人間関係がうまくいっていないので会社に行くのがイヤというパターンです。

しかしこれは、本当にダメなことなのでしょうか？　たとえ人間関係が悪くても仕事は好きだということは、半分は救いがあるということになります。

カウンセリングでは、その人が置かれた状況をベスト、ベター、ノーマル、ワース、ワーストの五段階で分析してみることがあります。

人間関係は悪くても仕事の内容は好きだというのは、ベストではないにしても、決してワーストではない。ノーマルからベターとワースに振り子のように揺れている状態だと考えられます。そこまでひどい状況ではないのです。まして、必ずしもベストである必要はありません。

アドラー心理学のカウンセリングでは、まず、ベストとワーストを排除して考えます。なぜなら、最高も最悪もそう簡単に現実になることはないからです。

会社という組織の中で仕事をし、生活するという行為の中には、「二つの軸」が存在します。両輪と言い換えてもいいでしょう。

一つは生産性であり、もう一つは人間性。つまり仕事そのものと人間関係です。仕事がうまくいっていて人間関係も良好なら、それに越したことはありません。しかし、そんな恵まれた状況はめったにないでしょう。では、その次にいいのはどんな状況でしょう。

つまり、「仕事は好きだが人間関係が悪い」と、「人間関係はいいけど仕事にやりがいがない」ということを比べて、どちらがマシかということです。

よりよい状況なのは、間違いなく前者です。「人間関係が良好だからこそ仕事がうまくいくのではないのか」と思う人もいるでしょうが、決してそうではありません。

順番を逆にして見てみる

なぜなら、会社というのはあくまで仕事をする場所だからです。

会社に行く目的は仕事をすることであって、上司や同僚と親睦を深めることではありません。大学のサークルではないのですから、「楽しくやれればそれでいい」というわけにはいかないのです。

「仕事をバリバリやる」ことと「仲間と楽しく過ごす」こと、どちらが社会人としての成長をもたらすかは明白です。

また、二つの事柄を比較して語る場合、あとにくる言葉のほうが影響力を持ちやすいということもあります。

「仕事の内容は好きだけど、人間関係が最悪」だと考えているということは、人間関係の悪さにばかり気を取られているということ。

しかし、同じ状況でも言い方を変えれば、「人間関係は最悪だけど、仕事の内容は好き」となり、ポジティブにとらえることができるようになります。

言葉の中にポジティブとネガティブの両方が込められているとき、ネガティブを先に出したとしてもポジティブで終わると、全体に好影響をもたらします。

職場の人間関係ばかりを気にかけるのか、あるいは好きな仕事がやれていることをより意識するのか。それは自分とどう向き合い、問答するかで変わってくるのです。

ワンポイントアドバイス

「最高の人間関係」を期待せず、「最悪の人間関係」のことは考えなくていい。

23 上司との関係がうまくいかないとき

人間関係の悩みの種になりやすい存在は上司でしょう。

怖い上司の前で萎縮してしまうのでは、仕事だってうまくいきません。

これは、上司と部下の関係だけでなく、友人、知人、パートナー、家族、同僚……など、さまざまな関係性の中にある問題です。

先ほども少しお話ししましたが、ここで**知っておきたいのは「悩む」と「困る」の違い**です。

この二つは、同種のように考えられていますが、実は別種のもの。

「悩む」とは、理想と現実のギャップに苦しんでいる状態です。どうすればいいのかわからず、過去あるいは他者に原因を求めてしまう。

たとえば、上司との関係でいえば、「あの上司がイヤで仕事がうまくいかないんだよなぁ」と考え込んでしまう状態です。

一方、「困る」とは、解決しなければならない課題に直面している状態です。そうであるなら、課題を解決すればいい。怖い上司と、それに従ってしまう自分の関係を変えることが、ここでの課題です。

では、そのためにはどうするべきでしょうか。

私が開催しているセミナーの感想によくあるのが、「とても素晴らしかったです。でも、上司がこのセミナーを受ければもっといいのに」というもの。セミナーを受けることで、上司に変わってほしいと願っているわけです。しかしこれでは、セミナーを受けた意味があるとはいえません。

相手を変えようとするのはやめる

人間関係に不満があるとき、多くの人は相手を変えようとします。あるいは環境のせいにしようとする。「あの人がもっと理解のある人間になってくれれば」「こんな上司がいる部署だから」と考えてしまうのです。

でも、そのことに期待しているだけでは、結局何も変わらないままということになりかねません。

怖い上司とそれに従わざるをえない自分。これは41ページでもお伝えした隷属《れいぞく》的な主従関係です。ですが本来、上司と部下は立場や役割が違うだけで、隷属的な関係ではないはず。

アドラー心理学では、「横の人間関係」が推奨《すいしょう》されています。逆に「縦の人間関係」は、精神的な健康を損なう最大の要因になるとされます。ですからこの場合は、縦の関係を横の関係に変えることが、課題の解決につながります。

「横の関係になる」とは、具体的にはどういうことでしょうか。

たとえば、相手に理不尽なことを言われたとき、正しく反論をすることがその第一歩です。そうすることで、その相手との関係は変わってきます。隷属的な主従関係は、従う側の人間がいて成立するからです。

自分が上司を恐れるあまり、何を言われても服従してしまうから、相手が暴君のようになってしまうということもありえるのです。「従」である自分に甘んじることをやめることで、上司との関係性は変化を見せはじめるでしょう。

「攻撃的な人は恐れている人だ」という言葉もあります。

「でも、反論ができれば苦労しないよ」と思う人は、客観的に考えてみてはどうでしょうか。殴《なぐ》りかかってきたというのならともかく、ちょっと反論したくらいで大きな問題になるでしょうか。組織で問題になるのは、反論したという行動ではなく、むしろそれに対するパワハラ的な言動のはずです。

アメリカの大統領だったフランクリン・ルーズベルトは、「私たちが恐れなければいけないただ一つのことは、恐れそのものである」と言っています。恐れるあまり行動しないことが、人間にとっていちばん怖いことなのです。

ワンポイントアドバイス

「縦の関係」を「横の関係」に変えてみる。

24 他人がよく見えてしまうとき

会社に対する不満として仕事の内容、人間関係と並んで抱きがちなのは、給料に関することではないでしょうか。

こんなに働いているのに、これしかもらえないという不満は多くの人が持っているはず。また、同世代と比べて自分の収入が多いのか少ないのかを気にする人もたくさんいるでしょう。

「他社に勤める大学時代の友人に聞いたら、みんな自分より給料が高かった」

こうしたことも、仕事にまつわる悩みの一つです。

周囲の同世代、友人たちと比べて給料が少ないと嘆くとき、考えたいのは組織論です。

組織論においては、常に二つのことを天秤《てんびん》にかける必要があります。それは**「誘因《ゆういん》」と「貢献」**です。誘因とは、会社が与えてくれるもののこと。給料や福利厚生などの待遇面が該当します。それとは逆に、貢献とは、自分が会社に与えるもののことです。

自分の給料と他人の給料を比べるのではなく、会社からの誘因と自分の貢献とを比べてみることが大事になります。

つまり、もらっている給料に見合うだけの仕事を自分ができているかどうか、自分がどれくらい会社に利益をもたらしているかを考えてみる必要があるのです。

友人と比較するなら、誘因同士だけでなく貢献を比べることも必要。友人と比べて、自分は会社への貢献が明らかに大きいかどうかということです。

この貢献の比較をする人は、決して多くないはずです。比べるとしても残業時間くらいではないでしょうか。

給料への不満を抱いてしまうのは、自分と他者の誘因同士を比べるから。もし冷静に判断して、誘因よりも貢献のほうがはるかに大きいと思ったとしても、

「給料が安すぎる」と嘆くことはありません。むしろ、自分に力があることを誇っていいのです。

「貢献している」が心の安定につながる

これは、アドラー心理学の中心となる考え方「**共同体感覚**」にもつながってきます。

共同体感覚とは、お話ししたように**共同体への所属感・共感・信頼感・貢献感を総称したもの。**カウンセリングや教育の目標であり、精神的な健康のバロメーターとみなされます。

自分の居場所を作り、他者のことを考え、周囲の人たちを信頼して役に立とうとするのが共同体感覚。アドラーは「今日の世界が主に欲しているものは共同体感覚であると思われる」と語っています。

誘因と貢献を比較し、自分が会社という共同体にどれだけ貢献できているかを考えるのは、アドラー心理学から見ても重要です。もし貢献が大きいと感じることができれば、それは共同体感覚、精神的な健康につながっているともいえます。

会社からの誘因よりも自分の貢献のほうが上回っているのであれば、それは誇るべきこと。

「給料が安い」という不満よりも、むしろ満足できる状態です。現実的に考えても、貢献が大きい人間なら誰かが評価してくれます。

それは社内での評価とは限りません。いつか転職を考えたときに、引く手あまたになるかもしれないのです。貢献の大きい仕事をしていれば、必ずチャンスは生まれます。

ワンポイントアドバイス

自分の居場所を作り、周囲と共感、信頼し合った先に貢献感が生まれる。

25　会社勤めを続けていていいのかと考えるとき

「アドラー心理学を四十年ほども研究してきた岩井さんから見て、今、アドラーが注目されているのはなぜでしょうか」

少し前に、知人からそう聞かれたことがあります。私の答えはこうでした。

「それは一言で説明できます。人々の中で、『依存から自立へ』の動きが起きているのです」

人間は、どうしても依存することを求めてしまうものです。たとえば、他者への依存。マネー（お金）に依存する場合もある。

かつてロバート・キヨサキ氏の『金持ち父さん　貧乏父さん』という本がベストセラーになったのも、お金に依存することで安心感を得たいという人が多かったからではないでしょうか。

あるいは、スピリチュアルへの依存もあります。自己啓発セミナーがブームになったこともありました。

これらとは対照的に、アドラー心理学では、「自立する力」が重要視されます。自立した人間だからこそ共同体に貢献でき、そのことで共同体感覚を得ることもできるのです。

逆にいえば、**多くの人々が抱く、「自立した人間になるにはどうすればいいのか」といった問いかけに答えるのがアドラー心理学**だということになります。


働いている中で転職や独立を考える際も、自分が自立した人間であるかどうか、見直してみるといいでしょう。

「もう、人に雇《やと》われて働くのはコリゴリです。独立しようと思っているのですが、まだ一人でやっていく自信がありません」

もし、こういうふうに考えているのであれば、会社から独立することをただ空想しているにすぎません。一人でやっていく自信がないというのは、まだ会社に依存していたいということだからです。

そのモチベーションのもとはどこにある？

人間のモチベーションは「外発的動機づけ」か「内発的動機づけ」かの二パターンに分けることができます。

「外発的動機づけ」は、69ページでも少し触れましたが、アメとムチを用いた外部から働きかける動機づけで、一方の「内発的動機づけ」は、自らのビジョンや使命感をもとに目標に近づくことだといえます。

独立を考えるなら、自分のモチベーションが「外発的動機づけ」なのか「内発的動機づけ」なのかをよく見ることをお勧めします。

人に雇われて働くのはコリゴリだから独立したいという人は、不快を避ける外発的動機づけが働いているのです。人に雇われている、自分の上に誰かがいる。

その状態がイヤで、そこから離れたいということです。このような外発的動機づけで行動したとしても、うまくいくとは考えにくいのではないでしょうか。

逆に、内発的動機づけがあるなら、自分は独立して何をやりたいのか、そのビジョンやシナリオ、ミッションが具体的に描けているはずです。

そのような内発的動機づけによって独立を考えている人は、自立しているといえるでしょうし、独立後も成功しやすいはずです。

偉大な実業家、稲盛和夫さんが第二電電（現・ＫＤＤＩ）を作ったときのことです。

稲盛さんは自分がやりたいことのイメージを頭の中ではっきりと思い描くことができ、ついには動画として脳内で再生されるまでになったといいます。これこそ、自立した人間として内発的動機づけで行動していた証拠なのでしょう。

ワンポイントアドバイス

何かに依存せず、自立できたときが独立へのスタートライン。

26 今までと、まったく違うことをやりたいとき

今までの会社勤めをやめて、独立したい——前項の続きでもう少し、独立についての話を続けてみましょう。

独立を考えるということは、「会社に依存している自分」という殻《から》を破り、自立した人間になろうとしているということでもあります。

「○○がイヤだから独立したい」ではなく、「どうしても○○がやりたい」という内発的動機づけがあり、それを実現する能力があると考えられるのなら、どんどん独立すればいいと思います。

私自身は、これまでの日本的な永年勤続の働き方がベストな労働スタイルだと考えていません。とはいえ、やみくもに独立を勧めるわけではないですし、「独

立しないような人間は自立しているとはいえない」とも思いません。

セミナーやカウンセリングをしていると、会社で研修を担当している人から「自分は会社から独立して、まったく違ったことをやりたい！」という相談を受けることがあります。

こういうとき、まず私は「やめておいたほうがいいですよ」と答えます。いきなり独立してすぐにうまくいく確率は決して高くないからです。

社会保険労務士と行政書士の資格を取って、意気揚々と会社から独立した人が、年収が百万円台に落ち込んでしまったという話も聞きます。


独立するのなら、**「ホップ・ステップ・ジャンプ」というように段階を踏むことが大事**なのだと思います。

「ホップ」は構想を練る段階。「ステップ」は人脈作りと発信の段階です。

たとえば、カウンセリングやセミナーの講師をやりたいのなら、独立する前にネット記事や雑誌への寄稿《きこう》などをして、自分の名前を少しでも広めておくことが大切です。そうした段階を経て、独立という「ジャンプ」に至るのです。一足飛びの行動は危険であり、無謀《むぼう》です。

「リソース」は、いつどこにでもあるわけではない

目標に向かって段階を踏むことは、心理学でいう「困難の分割」になります。最終的な目標に至るまでに段階的に課題を分け、それを一つずつクリアしていく――これは**アドラー心理学における「勇気づけ」**にとっても有効なこと。

また、**アドラー心理学では「私には能力があるという信念」を持つためには、自分の人生の課題を自分の力で解決することができることが必要**で、このような能力があると感じることが自信を築く唯一《ゆいいつ》の方法だとみなしています。

いきなり無謀な挑戦をするのではなく、段階を踏んで目標を実現していくことは、自分自身への勇気づけを少しずつしていくということでもあるのです。

もちろん、勇気づけの結果は独立に限られるわけではありません。

独立できるだけの自立した人間が組織の中にいれば、その組織は間違いなく活性化するでしょう。逆に、雇われ意識の人間ばかりでは組織は成長しません。組織の中で「自立した人間」としてイキイキと働き、そのことで組織が活性化すれば、働きがいはさらに増すことでしょう。そんな状況であれば、独立したいと考えなくなるかもしれません。

会社が持つリソースは豊富です。人、金、物、それに情報。個人で新たに事務所や会社を立ち上げるより、あらゆる面で恵まれていると言っていいでしょう。そのリソースを活用することも、充実した仕事をするための手段です。そして、それができるようになるためにも、自立した人間であることが重要なのです。

ワンポイントアドバイス

自分には「課題を解決していく能力がある」と感じることが大事。

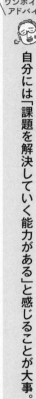

27 任せるのも任されるのもシンドイとき

人に何かを任せるのは、なかなか難しいものです。

仕事上でも、任せる内容も任せたい相手の能力もさまざまなので、なかなか一様にはいきません。

任せる側も難しいのですが、任される側だって同様でしょう。

指示された内容が簡単すぎれば、「どうしてもっと難しいことをやらせてくれないんだ」と不満を感じます。

逆に、「自分に本当にできるのだろうか」と不安に陥ってしまう人もいるはずです。

では、このような自信や不安を感じている相手に任せる場合、どんな判断基準

が必要なのでしょうか。

任せることは、ある程度の負荷をかけることになります。いつも相手の能力の範囲内でラクラクとできるようなことばかり任せていても、相手の成長にはつながりません。

だからといって、相手の能力以上のことを任せるのにも問題があります。

アドラー心理学の言葉でいえば、「高すぎる目標は勇気をくじく」からです。

営業の現場などでは、たとえば、それまでの倍の目標を設定するということがありがちです。これは、いかにも無理そうですが、

「倍の目標を設定して、それに向けて頑張れば、仮に失敗しても従来の二〜三割増にはなっているはず」

という考え方で担当者に過大な負荷をかけている例は、決して少なくありません。

「倍の目標に向けて頑張り、結果として二〜三割増に」という考え方は、一見するともっともらしいようです。ですが、高すぎる目標は勇気をくじいてしまうことになります。

「こんなのできるはずがない」……そういう心理になり、二〜三割増どころか、結果として現状維持も難しくなってしまうのです。

任される側の「やる気の源泉」

目標を掲げるのは大事なことですし、負荷をかけることも時には必要でしょう。

しかし、「ほどほどのギャップ」がやる気の源泉になることを忘れてはいけないのです。本人の「伸びしろ」以上の結果を求めてはいけません。

そして、**「勇気づけ」の第一段階は、互いに尊敬、信頼のある「横の関係」で行なうことが重要**です。

これを単に上から押しつけるだけでは、勇気づけになりません。また、任せたらそれっきりで「あなたならできるはずだ」と口で言うだけでは勇気をくじかれてしまいます。

あくまで「横の関係」で目標を合わせ、協力できることはする。お互いの納得の上で、「ほどほどのギャップ」を与える。それができれば任せる・任されるの関係はうまくいくはずですし、相手の成長にもつながるのです。

ワンポイントアドバイス

高すぎる目標は、勇気をくじくことになる。

28 目標がプレッシャーになるとき

物事に取り組むときは、「本当の目標」が何なのか、を考えることが重要です。私がある企業でお手伝いしている、社員に最大級のパフォーマンスを発揮してもらうプロジェクトの例でお話ししましょう。

このプロジェクトを私は、「勇気づけ」を使って進めてはどうか、と提案しました。「勇気づけ」には相互尊敬・相互信頼が必要ですから、まずは中心となる社員を主役として、指導員（上司）とサポーター（先輩や同僚）が共通の目標に向かうという認識を明確にします。

目標は「当面の目標」「達成目標」「究極目標」の三段階に設定しました。

一つ目の「当面の目標」は、チーム・スピリットの形成。みんなでやるのだ、という意識を共有することです。

二つ目の「達成目標」は、プロジェクトの成功を指します。意外に思う方もいるかもしれませんが、プロジェクトの成功は第二段階なのです。

では、第三段階の「究極目標」が何かといえば、それは社員の人間としての成長です。これは、ふだんの仕事でも同じことだといえます。

上司にとっての「究極目標」は、仕事を成功させることではなく、部下を成長させること、すなわち**「共同体感覚」を持った自立した人間を育てること**ではないでしょうか。そのことで、仕事はさらにうまくいきやすくなりますし、自立した社員が多くなれば、組織は間違いなく活性化します。

ただ成功することだけがゴールではない

スポーツの世界に置き換えてみれば、話はよりわかりやすくなるでしょう。

近年、何かと問題になっている体罰は、結果を出すために行なわれるもの。結果とは直近の大会での優勝です。

しかし、それを「究極目標」にしてしまうと、手段を間違えることになります。怒ったり殴ったりすることで恐怖を与えて人（選手）を動かそうとしてしまうのです。

選手側にしても、「怒られないように頑張る」というのでは、恐怖を用いた「外発的動機づけ」（69ページまたは116ページ）です。そこに選手の成長はありません。

スポーツの本来の目的は、体を動かすこと自体を楽しんだり、そのことで肉体や精神を成長させ、よりよい人間になることのはずです。

メダルを獲るために恐怖を与える方法では本来の目的、つまり「究極目標」にたどり着けないでしょう。

怒ったり殴ったりしてメダルが獲れても意味などないのです。最悪の場合、「負けたら怒られる」と恐怖で身も心も固まってしまい、本番で力が出ないということもありえます。

どんな手段を使っても結果がよければいいのではなく、**その先に「成長」という目標を置くことで手段も変わってくる**のです。

そして、とくに仕事の場合で考えなければならないのは、上司と部下ではリソース（使える資源）の幅が違うということです。

どんな仕事を与え、どう協力して成功に向かわせるかは、上司しか決めることができません。部下が成長できるかどうかは、上司の「勇気づけ」しだいなのです。

ワンポイントアドバイス

当面の目標、達成目標、そして、究極目標。

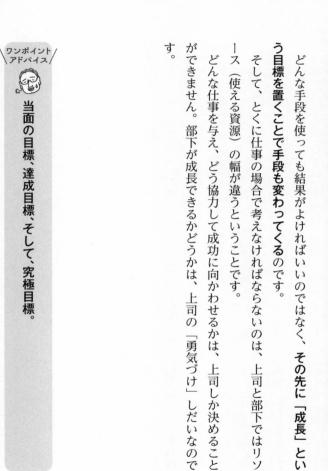

29 人のミスに対したとき

人のミスに対しては、原因論ではなく目的論で考える必要がある、とここまで説明してきました。

つまり、「なぜこうなったのか」を問い詰めるのではなく、**「では、どうすればいいだろう」と目的を考えながら指摘していくのがいい**ということです。

そのことで、ミスによって起こったトラブルに適切に対処することができるのです。

もちろん、トラブルへの対処だけでなく、ミスを起こさないようにするのも大事なこと。そのためには、なぜ間違いを犯してしまうのかを探ることも重要です。

しかし、間違えてはいけないのは、ここでの「なぜ」は、相手を追い詰めるためのものではないということです。

ここでも原因論ではなく、「ミスをしないという目的のために何をするか」という目的論が必要です。

「どうせまた」なのか

人は、失敗しては怒られるという経験をくり返していると、不健全な自己イメージを持つようになってしまいます。

たとえば、「またか」と怒られていると、「自分は失敗しやすい人間なんだ」「どうせまた失敗するんだ」というイメージにとらわれ、次の失敗を誘発してしまうのです。

誰もがこういった経験をくり返すと、「自分は注意深くない」という劣等感を抱き、それが「だからいつも失敗する」という劣等コンプレックス（23ページ）につながっていきます。

アドラーは、劣等感そのものは誰もが持っているものとして、否定しません。しかし、劣等感を言い訳にして自らの課題から逃げてしまう劣等コンプレックスになることを許しません。

受験勉強をしていたときを思い出してみてください。

国語や英語ができても数学が苦手と感じる人はいます。しかし、たとえ数学が苦手であっても、数学に人一倍取り組めば、赤点を取らずにすみます。「どうせ数学はいい点が取れないから」と取り組まずにいたのでは、課題から逃げているだけです。それではますます数学の成績が悪くなるでしょう。仕事もそれと同じことなのです。

ミスをくり返させないためには、「もしかして、この仕事に苦手意識があるんじゃないか」と考えた上で、「では、自信を持って取り組むためにはどうしたらいいか」というアプローチに進むことが重要です。

ミスという現象面に対処するだけでなく、ミスを犯す心理にも寄り添うことができたら適切な解決策も見えてくるでしょう。

相手の「自分はおっちょこちょいだから、また失敗する」という不健全な劣等コンプレックスを取り除くことで、さらなるミスを防ぐことができます。

アドラー心理学では、失敗とはチャレンジの証、もしくは学習のチャンスだとみなされます。

失敗は、「次はどうすればいいか」を考えるきっかけになるということ。

一つの失敗は、その人の苦手意識や不健全な自己イメージに気づき、それを修正するチャンスなのです。

ワンポイントアドバイス

思い込みの劣等感で課題から逃げてはいけない。

30 年長の人とうまくやりたいとき

昨今は、組織も多様性が進んできました。「働き方改革」もあって、さまざまなキャリア、立場の人たちがさまざまな働き方をしています。

場合によっては年上の部下を持つ場合もあるでしょう。実は、会社員時代の私もそうでした。

私の場合は、年上の部下には、キャリアのある人間ならではの役割を担《にな》ってもらおうとしていました。年長者の経験と尊厳《そんげん》に敬意を払うことで、円滑に仕事を進めようとしたのです。

とはいえ、そのようにしても、うまくいくとは限らないでしょう。

「年下の上司」ができてしまった待遇に不満を持ち、問題社員になってしまう人もいるはずです。いわば、「牢名主《ろうなぬし》」的な存在になったり、「お局様《つぼね》」、あるいは批判勢力の中心になったりしてしまうかもしれません。

こうした存在を気にせず、放っておくのも一つの手ではあります。異動の時期を待ったり、トランプのババを引いたと思ってあきらめたり……。そういう処理の仕方もあるかもしれませんが、仕事をうまく進めるためには、問題社員に向き合わなければいけないときもあります。

その第一の手法が、アドラー心理学の「勇気づけ」です。牢名主やお局様になってしまったのは、**対人関係や環境に不満があって勇気をくじかれたのだと判断し、「勇気づけ」によって共同体感覚を取り戻させるのです。**

「エレガントな対決」とは

最終的には「対決」という局面を迎えることもありうるでしょう。

しかしそれを避けて、「なあなあ」にしてはいけません。摩擦《まさつ》を避けようとすると、「あいつは上司だけど年下だから、自分には何も言ってこない」と問題行動に拍車《はくしゃ》をかけてしまうことになりかねないからです。

問題のある人間には、正面から向かい合うことが重要です。

しかし、ここで忘れてはいけないのは、その目的は人を育てることにあることです。話し合って相手を屈服させ、敗北させるのが目的ではないのです。敗北させたら、さらに勇気がくじかれることになってしまいます。

アドラー心理学では、他人の課題にむやみに踏み込むことをよしとしません。

ここでいえば、部下が抱える課題は、それは部下にしか解決できないもの。上司である自分が背負い込むことはできないのです。アドラー心理学でいう「課題の分離」です。

しかし、その課題を良好な関係のもとに共同の課題として考え、協力し合うことは可能です。

何が課題なのかを把握し、事実を確認する。それを変えるために何ができるかを一緒に考える——それをアドラー心理学では「エレガントな対決」と呼びます。

相手の不満を聞き、改善できることがあればする。逆に、相手に直してほしいところも伝える。最後には「こうして話ができてよかったです」と感謝の気持ちを伝える。そうすることで、相手を敗北させずに育てることができるのです。

その前提になるのは、アドラー心理学の基本である「横の関係」です。

年上の部下の存在がわずらわしかったり、年下の上司に劣等感を抱くのは「縦の関係」で考えているからです。

「部下なのだから、上司に従うべき」

「年下の人間は、年上の言うことを聞いて当然」

こういった「縦の関係」ではなく、上司も部下も、年上も年下も役割が違うだけであって尊厳には変わりがないのだ、と「横の関係」を築くことで互いの関係は大きく変わるはずです。

ワンポイントアドバイス

本人でなければ解決できない課題も、「共同の課題」にしてともに解決を図る。

4章

人のことを許せない気持ち

――それは「自分の問題」ですか?

31 ハッキリ「ノー」と言いたい

ここまでの章でもお話ししたように、アドラー心理学では、「縦の関係」ではなく「横の関係」を重視しています。

しかし、仕事上で上司から指示を受ける場合は、「縦の関係」にならざるをえないように感じます。その指示が、明らかに無理なものだった場合、「こんな指示はやめてもらいたい」と思うだけでは事態は前に進みません。

こういう無理な指示が日常的に出てくるのは、現状を把握していない上司側の問題であると同時に、それを受け入れてしまう部下側にも問題がないわけではありません。

上司の求めに「ノー」と言わず、受け入れてしまう部下がいるからこそ、そんな指示が常態化してしまうわけです。

たとえば、休日出勤するように「圧」をかけてくる場合など、「申し訳ありませんが、今度の土日は出勤できません。その仕事は平日で終わらせますので」

これは、本来は言っていいことのはずです。なぜなら、職場には上司と部下の関係、部署内のやり方以外に、会社の就業規則という「職場のルール」があるからです。さらにその外側には、労働基準法という法律もあります。休みを取るのは労働者の権利。行使できない理由はありません。

それでも言いにくいときにハッキリと「ノー」を言えるようになるためには、無茶な休日出勤を求める上司の**背後に何があるのか、目的は何なのかを探ってはいかがでしょうか。アドラー心理学の「目的論」です。**

たとえば、得意先が休みだから干渉されず、仕事がはかどるからと考えているのかもしれません。しかし、実は本人が自宅にいたくないというプライベートの事情で周囲を巻き込んでいる例もあるのです。

五回に一回の法則

私がかつて働いていた会社でも、「土日のほうがはかどるから」という理由で休日出勤をしたがる上司がいました。こうした背後と目的がわかれば、上司に「ノー」と言い、話し合うこともしやすいはずです。

日本の社会には「自明性《じめいせい》」という独特の文化があります。「言わなくてもわかるだろう」というわけですが、これは不健全なものです。

本来は、「言わなきゃわからない、伝わらない」が人間なのです。自明性に寄りかかって、みんながなんとなくそうしている、という組織の風土があるなら、誰かが壊さなければいけません。そして「誰か」になることができるのは「自分」しかいません。周囲に期待しているだけでは、結局何も進まないのです。

「なかなかノーが言いにくい」という人には、「五回に一回の法則」という考え方をおすすめします。

たとえ無理な指示を受けても、五回に一回は応じる。これは、仕事上だけでなく、恋愛関係でも同じです。彼氏（彼女）の言うことをいつも聞いていたら「便利な女（男）」になってしまいます。恋愛では逆に五回に一回は断わるのがいいのかもしれません。

いつも、求めに応じて休日出勤したり、ダラダラと残業したりしていると、それが相手からは普通だと思われてしまいます。相手にとって便利な存在とは、同調圧力に屈しやすい、価値の低い人間ということ。

時にはハッキリ断わることで、断わらなかったときの「ありがたみ」が増し、自分の価値は上がるわけです。

「縦の関係」を前提としないで、「横の関係」として、指示を受ける側からもアプローチしていくことが大切です。

ワンポイントアドバイス

無理な指示が出たら、指示する側の「背後」が何かを考える。

32 これは「ハラスメント」では？

私たちは相手に対して、いい顔をしすぎるという傾向があるように思います。

それは、「相手に認められたい」という承認欲求が強いことや、「空気を読まなきゃ」という同調圧力に屈しやすいところからきているのでしょう。

仕事上でも、過剰な残業を求められても、引き受けざるをえない……という状況です。

困っているのなら、きっぱり断わればいいのですが、なかなかそうはいかないのが困ったところです。

しかし現代では、**「アサーション権」という権利**が認められています。

これは人から尊重され、大切にしてもらう権利であり、また、人からの期待に

応えなくてもよいのだとするもの。

相手からの要求を、理由を明らかにせずに断わってもいいという権利でもあります。

たとえば、具体的な形でいえば、上司から求められた休日出勤や残業も理由を説明せずに断わることができるということです。プライベートな用事があって定時に帰りたいのに、理由を説明するのが面倒で残業を受け入れてしまう……。そんな必要はないのです。

たとえば、定時で帰る理由がデートだった場合、説明するとセクハラを誘発することにもなりかねません。それがイヤなので黙って残業するという解決法でなく、説明せずに拒否していいのです。

セクハラにせよパワハラにせよ、根本にある問題は同じだと言っていいでしょう。要求する側が自分の態度や言動についてきちんと考えず、「そんなたいしたことじゃないだろう」と思い込んでしまっているのが問題なのです。

相手にも「幸せになる権利」がある

そういう場面できちんとした対応をしなくては、いつまでたっても同じことのくり返しです。

パワハラやセクハラの受け止め方は人間関係しだい。同じことをしても、ハラスメントになる場合とならない場合がありますし、人によってなる場合とならない場合があります。

もし、誰かの要求や言葉をイヤだと感じ、傷ついたのであれば、それはハラスメントなのです。

先の「アサーション権」について、あるいはハラスメントについての問題をアドラー心理学に当てはめると、「権利と責任」になります。

権利と責任はコインの裏表。**権利のない責任はなく、責任のない権利もない。そこに快適な生き方があると考えるのがアドラー心理学です。**

そして、権利と責任は、個人の中だけの問題ではありません。

自分と他者の関係も権利と責任の裏表なのです。つまり、人には幸せになる権利があり、他者はそれを認め、受け入れる責任があるということです。

仕事の命令系統の指示であっても、残業や休日出勤の求めに対しては、誰でも「できません」と言う権利がある。ということは、指示をする側にはそれを認める責任があるのです。

もちろん自分自身にも、他者に要求を断わられたとき、それを認める責任があります。

お互いが権利と責任の双方をしっかりと理解することで、働き方もより快適なものになるのは間違いありません。

ワンポイントアドバイス

「権利と責任」を常に意識することでもっと快適に生きられる。

33 妙に「近づいてくる」人に

近年は、LINEはじめツイッター、フェイスブックなどのSNSが広く使われています。複数のSNSを活用している人も珍しくないでしょう。

その一方で、SNS上での人間関係で悩む人や、自分だけ知らなかったことがあると仲間はずれにされた気がしてしまうといった「SNS疲れ」を感じている人も少なくないようです。

また、個人的なところから、仕事にまで広がってしまって困っていることも耳にします。

SNSを使うにあたっては、プライベートと仕事を分けたいという人が多いはずです。

実際に、恋人と遊びに行ったことや学生時代の友人と食事をしたことを仕事関係の人に知られるのは、ちょっと抵抗があるのでしょう。もっと単純に、「上司に見られていたら仕事のグチも書けない」ということだってあるのかもしれません。

ところが、なかには、仕事の連絡にも役立つからといって、上司がフェイスブックなどでの友達申請を求めてきたり、「いいね！」を強要してくる場合だってあるでしょう。

しかし、これらは基本的にハラスメントです。**いわゆる「ソーハラ」**（ソーシャルメディアハラスメント）です。

黙って我慢するよりも……

「ソーハラ」に悩む人の数は本当に多く、メディアにも取り上げられています。

ＳＮＳで知った部下のプライベートに関して、どんな形であれコメントするのはパワーハラスメントに該当します。

ハラスメントだということは、組織のコンプライアンス窓口に相談すれば禁じることができるということです。ハラスメントをした側は警告され、それでも強要するなら、その責任が問われることになるでしょう。

重要なのは、イヤなことがあるのならば、黙って我慢するのではなく、自分で解決するように行動すること。

アドラー心理学でいえば、それはあなたの課題なのであり、他の誰の課題でもありません。

「まいったなぁ」と悩みながら課題をスルーするのではなく、「こういうときはどうすればいいだろう」と課題に直面して困り、解決する方法を考えるのです。そして行動する。アドラー心理学では、それが求められています。

もし、一人で訴え出るのが不安なのであれば、同じ課題を抱える仲間と一緒にやればいいでしょう。一人ひとりの課題はその人個人のものですが、それらを共同の課題にすることはできるはずです。

ソーハラ、パワハラ上司は、きっと同じことを誰かにもしているはずです。部下という立場は弱いものかもしれませんが、三人集まれば、それは「勢力」になります。

ワンポイントアドバイス

自分にとってイヤなことを解決するのは自分しかいない。

34 細かすぎる相手に

人間関係上では、どうしても「合う、合わない」ということが出てきます。これは当たり前のことであり、いわば人づき合いの大前提です。

アドラー心理学の目的論で考えるなら、「性格が合わないから関係がうまくいかない」というのは、「関係がうまくいかなくても自分の問題ではない」と思い込むために「性格が合わない」という理由を利用しているということです。

それよりも「合わない相手とどうつき合えばいいか」ということを考え、行動することが大事でしょう。性格が合わないことをどうとらえるかも重要です。

たとえば、あなたが「あの人はいちいち細かい。重箱の隅をつつくような指摘をしてくる」とわずらわしく思っている上司がいるとしましょう。でも、その上司は本当に「どうでもいいことばかり言う人」なのでしょうか。

周囲から見たら、「チェックがうまい人」なのかもしれません。**アドラーは、「いかなる経験も（中略）自分の経験によって決定されるのではなく、経験に与える意味によって自らを決定するのである」と言いました。**同じ客観的事実を見ても、人によってはよく解釈する人もいれば、悪くとらえる人もいるのです。人は物事を自分流の主観的な意味づけを通して把握しているのです。

学生時代から文壇で名を馳《は》せていた三島由紀夫は、大蔵省（当時）に勤務していた時代、自分が作成した文書に上司が手を入れたことに憤慨《ふんがい》したそうです。「俺が書いたものを直すのか」というわけです。しかし、修正されたものを見ると、要点をとらえた完璧な文書になっていたことに驚いたそうです。

「小さなところは譲ってもいい」と考えてみたら

同じような経験は、私にもあります。私は子どもの頃から文章を書くのが得意だと思っていたのですが、あるとき、私が書いた代理店用のビジネスレターを上司が細かく修正してきました。正直に言うと、ちょっとふてくされたのですが、その直されたレターは本当に優れたものでした。

私が得意だと思っていたのは、気持ちを込めた「作文」。しかし、仕事の場で求められていたのは、相手に確実に情報を伝える、整理された「文書」だったのです。

その違いに上司は気づいていたのでしょう。別の部署では、「岩井君の文書は副詞と動詞が離れている傾向があるね」という具体的な指摘も受けました。この教えは、今もさまざまな媒体《ばいたい》に原稿を書く中で確実に生きています。

つまり、「重箱の隅をつつくようだ」と思う指摘を受けても、実はそうではなく、重要なことだったという場合もあるはずです。その可能性を常に意識してみてください。32ページでも例を挙げましたが、物事にはエッセンシャル（本質的）なものと、トリビアル（瑣末）なものがあります。「重箱の隅」が、エッセンシャルなのかトリビアルなのか――それを常に判断し、自分を振り返るのです。

そして、エッセンシャルなことであれば受け入れればいいですし、仮にトリビアルなことであるなら、**その程度のことは譲ってしまってもいいと考える**こともできます。自分のやりたいこと、その本質が実現できるのであれば、細かいことは相手に合わせてあげればいいではありませんか。

闘いにたとえるなら、局地戦で負けても全体の闘いに勝てばいいのです。上司の基準に合わせることは、自分を否定することではありません。

アメリカの陸軍士官学校では、1章でもお伝えした「フォロワーシップ」を徹底的に叩き込まれるそうです。そして、フォロワーシップが身につくことで、人の指摘を上手に受け入れ、物事をより円滑に進める力がついていくのです。

ワンポイントアドバイス

自分がいいと思っているものを、他の人もいいと思っているとは限らない。

35 何かと押しつけられてしまう

「自分ばっかりいろいろやらされて……」と不満を抱いている人がいます。そういう人ほど、何事にも一所懸命に取り組み、責任感を持ってやりとげるので、つぎつぎとやることが押し寄せてくるのでしょう。

仕事をしている上でも、上司からいろいろと押しつけられて、あとは放っておかれるという場合が多々あります。

こういう場合の上司は、以下の二つのどちらかではないでしょうか。

①部下を信頼して任せてくれている。部下の能力を信じ、個性に合わせたやり方を尊重してくれている

②組織の中で、自分が「上がり（これ以上の出世はない）」になったとあきらめている。定年まで無事に過ごせればいいと考えている

普通は、①がいい上司で、②が悪い上司だと考えがちではないでしょうか。①の上司は部下に好かれ、②の上司は部下に嫌われる――そんな傾向があるはずです。

しかし、本当に①がよくて、②がダメなのでしょうか。部下を信頼しているにせよ、自分に出世の目がないとあきらめているにせよ、「部下に仕事を任せきりにする」ということなのですから**行動としては、これはまったく同じこと**です。

①の上司も②の上司も、部下が活躍する舞台を作ってくれているわけです。そして「丸投げ」ということは、ヘンに邪魔をしたり、足を引っ張ったりすることもないということ。部下にとっては、どちらにしても素晴らしい上司ではないかと私は思うのです。

相手を批評するより、自分のプラス面を考える

上司に仕事を「丸投げ」された。そしてその上司はいつも仕事中に新聞を読んでばかりいてムカつく――。これは考えようによっては素晴らしい環境です。なぜかといえば、自分の思い通りに、自分の能力をフルに発揮して仕事を進めることができるからです。

たしかに、この上司の態度が目に入ると気分はよくないかもしれませんが、そんなことは瑣末な問題ではないでしょうか。大事なのは、自分にとっての仕事のやりがいであるはずです。「丸投げ上司」は、それを与えてくれていると考えればいいのではないでしょうか。

アドラー心理学でいえば、仕事を丸投げしてくる上司が、いい上司か悪い上司かを決めるのも自分しだいです。

もし、悪い上司だと思うのであれば、それは自分がイヤイヤ仕事をしているか

らだと考えることができます。

そもそも仕事にやりがいを感じていないから、「丸投げされた」「上司は任せっきりで手伝ってくれない」という不満を抱くのです。

仕事に対するやる気に満ち、やりがいを感じているのであれば、「仕事を任せてもらってありがたい。口うるさく指示されることもないし最高だ」となるはず。

つまり、上司の問題ではなく、自分自身の自己決定の問題なのです。

仕事を丸投げされたら、それは自分が能力を発揮するチャンスなのです。

ワンポイントアドバイス

**何かを押しつけられても、
それがいいことか悪いことか決めるのは自分自身。**

36 どうも信頼されていない

私たちは何か不満がある場合、自分の外に理由を求めがちです。

たとえば、カウンセリングで、

「上司が自分のことを信頼してくれません。これではやる気も起きない」

というような不満を語る人も少なくありません。自分の上司がいかにダメか、それにどれだけ苦労させられているかを雄弁《ゆうべん》に語るのです。

「上司がもっとこうしてくれたら」と言う人もいますし、セミナー受講者の感想で、「上司がこのセミナーを受ければもっといいのに」というものもありました。

上司から信頼されていないのが不満だ――そんな人に、私はこう言うことにしています。

「では、あなたはその上司を信頼していますか？」

上司を頭から不信の目で見ていないでしょうか。あるいは、上司の懐に入ろうとしているでしょうか。

上司側からしてみれば、自分のことを信頼してくれない部下を信頼できるわけがありません。それに、信頼とは上司から部下に与えるものだと決まっているわけでもないはずです。

ここまで何回かお話ししてきましたが、**アドラー心理学では、「縦の関係」ではなく、「横の関係」が推奨されています。**

「縦の関係」であれば、何かを上から下へ与えるというのが当然のことでしょう。しかし、「横の関係」は、そういうものではありません。**どちらからも与えるし、与えられる。それが相互尊敬であり、相互信頼です。**

目的論で考えれば、「上司が信頼してくれない」とやる気を失っている人は、上司が信頼してくれないことをやる気を出さない口実に使っていることになるのです。

常に「自分自身」のところから考える

相手に信頼されたいのであれば、まず自分が相手を信頼することから始めればいいのです。自分から先に、より多く信頼してこそ相手からも信頼が返ってくるというものです。

アドラーの言葉を再び引用しましょう。

「誰かが始めなければならない。他の人が協力的でないとしても、それはあなたには関係がない。私の助言はこうだ。あなたが始めるべきだ。他の人が協力的であるかどうかなど考えることなく」

私はこの言葉を、「自己変革なくして組織変革なし」と言い換えることもできると思っています。

人間の行動は変えられます。そして、最も変えやすいのは、ほかの誰かではなく自分自身です。

信頼を得たいのであれば、自分から先に信頼すればいいのです。先に決意した人間から行動を起こすのが鉄則です。

考えてもみてください。もし上司が信頼してくれず、やる気を与えてくれないとして、あなたがこのままダラダラと仕事をしてもいいという理由にはならないでしょう。

そもそも、それでは自分の未来につながりません。信頼していない上司から信頼されず、そのことでふてくされていても、損をするのは自分なのですから。

ワンポイントアドバイス

相手からの信頼を求める前に、自分から相手を信頼すればいい。

37 引っ込み思案な自分

自分は「引っ込み思案《じあん》」で損をしていると思っている人を見かけます。

こういうタイプの人は、気持ちを自分の中にため込んでしまいがちな傾向があります。

限界になるまでため込んでしまうから、気持ちが重たくなり、うまく吐き出せなくなってしまうのです。最悪の場合、突然気持ちを爆発させて周囲に驚かれたり、迷惑をかけたりすることにもなりかねません。マイナスの感情は、少しずつ小出しにすることです。そうすることで気持ちが軽くなり、悪い方向へ向かっても軌道修正しやすいのです。

また、自分を引っ込み思案に見えなくする、ちょっとした技術もあります。

それは、少しだけ顔を上げることです。

たとえば会議のとき、引っ込み思案な人は、常に自分の手元やテーブルの真ん中あたりを見ていることが多いようです。発言する際も同じです。

そこで、人の話を聞く際も、自分が発言する際も、手元やテーブルの真ん中ではなく、少し顔を上げてテーブルの向こうにいる相手に視線を向けてはいかがでしょうか。

発言するとき、相手の顔を見ると自然に声も大きくなります。それだけで言葉の伝わり方は大きく変わります。こんなちょっとしたやり方で、相手の印象は大きく変わることもあるのです。

そして何より重要なのは、人間の性格は生まれつきのものではなく、自分で決めているということです。引っ込み思案だから意見が言えないのではありません。意見を言うのが面倒くさい、あるいは、言って拒否されるのがイヤだからという理由で引っ込み思案を演じているのかもしれないのです。

アドラーは、「性格」という言葉を使わず、「ライフスタイル」という言葉を使

いました。それは生まれつき決まっているものではなく、自分の意思で決めたものので、変えようと思えばいつでも変えられるものだと言ったのです。

ライフスタイルを変えるのに手遅れな年齢はあるのか、と聞かれたアドラーは、「死ぬ一日～二日前かな」と答えたそうです。

そのコンプレックスは思い込んでいるだけ？

不満の原因を自分の外側に求めてしまうと、自分自身のことを見失ってしまうことになるかもしれません。

たとえば、

「自分はまわりと比べて、上司からの評価が悪いんじゃないか。差別されているんじゃないか。それは、きっと自分が引っ込み思案だからだ」

というように。自分の不満を上司のせいにし、その理由として自分を引っ込み思案だと決めつけてしまっているのです。

しかし、その人が本当に引っ込み思案なのかはわかりません。もし、本当にそうだとしても、実際に差別されているかどうかもわかりません。そして差別されているとしても、その理由が引っ込み思案だからだとは限らないのです。

人のせいにする、あるいは自分の性格のせいだと決めつける――そこには大きな危険があります。

そんなときは相手に直接、聞いてみたらどうでしょう。

「私は仕事の上で差別されているのではないでしょうか」

「その原因は、私が引っ込み思案だからですか」

「私は仕事でもっと力を発揮したいです。そのためにできることは何でしょうか」

そんな話をしてみるだけで、状況はずいぶん変わるはずです。**話し合うことができれば、誰もそんな人を引っ込み思案だとは思わなくなる**でしょう。

ワンポイントアドバイス

自分で「引っ込み思案」だと決めなくていい。

38 自分が絶対正しいはずなのに

誰もが「自分が正しい」と思ってしまいがちですし、そう思いたいという傾向があります。

たとえば、こんな人の場合です。

「自分は正論を言っているのに、上司が聞き入れてくれない」

この不満に対する答えは簡単です。

「それは、あなたが正論を言うからですよ」

これは、「正しいことを言うな、妥協しろ」という意味では決してありません。

正しいことを言うのは大事ですが、本当に正しいかを振り返ることも必要ですし、

正しいからといって相手に押しつけていいということにもならないということなのです。

正論を言っていると自負している人は、「自分は正しいことを言っている」という思いと同時に、「あなたは間違っている」と攻撃的になっていることが多いのです。

「私はこの正しいやり方を考えることができたけど、あなたはまだそこまで達していないのではないか。だから私の正論を受け入れるべきだ」

正論には、こういう態度がつきまといがちで、だから押しつけがましく、鼻持ちならないものに見えてしまうのです。「私は正しい」は「あなたは間違っている」と表裏一体です。

しかし、前にお話ししたように、自分が信頼していない相手が、自分のことを信頼してくれるわけがないのと同じで、「あなたは間違っている」と言われた側が、それをすんなり受け入れるはずはありません。

むしろ、「そっちのほうが間違っている」と返されてしまうのではないでしょうか。

言っていることがいくら正しくても、これでは互いの関係はうまくいきません。

相手に期待するより、まず自分から

正論とは、文字通り「正しい論」なわけですが、そこにはある特性がともないます。それは、「I'm OK. You are not OK」という態度です。

アドラー心理学で考えれば、大事なのは相互信頼であり、「まず自分から」です。

そのためには「I'm OK. You are not OK」の正論を、「I'm OK. You are also OK」にすればいいのです。

人の考えを認め、受け入れる。それを相手に期待するのではなく、自分からする。

「課長は間違っています。正しいのはこれです」と、自分の正論を百パーセント認めさせようとするのではなく、「課長の意見を参考にここを修正してみました」と言えば、合意と協力が得られます。それが相互信頼です。

それをやっても、本当に受け入れてほしい部分、つまりエッセンシャル（本質的）な要素は消えないのではないでしょうか。相手の考えを取り入れることは、妥協ではないのです。

上司が悪い、同僚が悪い――そう考えるより、状況を変えるために、最初に手をつけるべきは自分です。他者を変えるより、自分を変えるほうが早いし効果的。そのためにどうすればいいのかがアドラー心理学から学べるのです。

ワンポイントアドバイス

「正しい」「間違っている」よりも相互信頼で臨めばいい。

39 相手を打ち負かしてやりたい

自分が正しいとばかり思い込みすぎないこと。自分が正しいとしても、それを百パーセント押し通そうとせずに、相手の意見も受け入れること——前項でお話ししました。

そうして相互尊敬・相互信頼の関係ができると、アドラー心理学の「共同体感覚」に近づくことにもなります。

このとき、忘れてはいけないのが、「そもそもの目的は何か」ということです。「正しい意見を通してくれない」、「仕事を丸投げしてくる」、「差別しているんじゃないか」……。どんなことであれ、上司を責める人は、仕事がうまくいかないときは、「上司が○○だからうまくいかない」と嘆きます。

しかし、それは「原因論」での考え方です。

アドラー心理学では、そういう人は「仕事がうまくいかなくても自分のせいではない、と予防線を張る」目的のために上司を持ち出していると考えます。

アドラーは、「人は人生の敗北を避けるために、あらゆるものを利用する」と言いました。

「上司が自分の正しい意見を受け入れてくれない」という場合、「相手は間違っている」と自分の考えばかりを貫こうとせず、相手の意見も受け入れながら進めるといいのは、仕事をうまく進めるという全体の目的があるからです。

正論を曲げたくない、相手の意見を受け入れたくないという人は、仕事本来の目的を間違えている、あるいは目的がすり替わってしまっていると考えることができます。

おそらく、仕事をうまく進めて成功させることではなく、正論を押し通すこと自体が目的になっているのではないでしょうか。

つまらない考えで墓穴を掘ってはいけない

つまり、「上司を打ち負かしたい、屈服させて自分の言うことを聞かせたい」ということが目的になっているのです。

これは、アドラー心理学における不適切な行動（74ページ）の四段階の目標のうちの二段階目、「権力闘争」の状態になっています。

人は不満があると、まず不適切な行動で「注目」を集めようとします。それができないと、不満を抱いた相手に権力闘争を仕かけます。

組織でいえば「自分と上司とどちらが上か」の勝負を仕かけるのです。実際に、会議の場などで、上司と部下がやり合うことがありますが、あれが権力闘争の典型例です。

この権力闘争の勝負が自分の思い通りにならないと、次には「復讐」に走ります。たとえば、プロジェクト立案の邪魔をしてくるなどといった形です。

そして、それでもうまくいかない場合は、「無気力」を誇示するようになります。仕事中にデスクで突っ伏して堂々と寝てしまったり……ここまでくると、もう後戻《あともど》りできなくなってしまいます。

正論を押し通すことで、相手に勝ったと思いたい。自分のほうが能力は上なんだと示したい。それが権力闘争であり、**権力闘争のために行動するのは、アドラー心理学では不適切とされる**のです。

しかし、本来の目的は権力闘争ではなく、仕事の成功のはずです。まして上司と権力闘争をしても、勝てるわけがありません。組織でより権力を持っているのは、上司なのですから。

正論を押し通そうとするのは権力闘争であり、その先には敗北しかない。自分が損をするやり方を、あえてする必要はありません。

ワンポイントアドバイス

ムダな権力闘争は敗北あるのみ。
そんな闘いは仕かけないほうがいい。

40 それは理不尽でしょ

物事を進めていく上では、その「目的」を見失ってはいけない――アドラー心理学の「目的論」のお話をしてきました。仕事をうまく進めるためには、相手の意見を受け入れることも必要だということです。

しかしそれは、すべての場合に当てはまるわけではありません。

たとえば、上司の言っていること、やっていることが明らかにおかしい、理不尽だというときには拒否する必要もあるでしょう。

とはいえ、そうするためには、「ここは受け入れてもいい」「これは拒否しなくてはいけない」という判断の基準を持っておく必要があります。

その**判断基準も、アドラー心理学で見えてきます。それが、「共同体の利益」**

です。

たとえば、ある化学プラントメーカーが、日本の法律では禁止されているから操業できないため、規制が緩《ゆる》やかな外国に工場を作ったとします。そして、その地で公害をまき散らし、住民を苦しめている。これがいいことか悪いことかは、容易に判断がつくはずです。

法律で認められているかどうかが問題なのではなく、住民を苦しめていることが問題であって、それが日本であろうと外国であろうと間違っているわけです。

この組織で働く人にアドラー心理学が求めるのは、「現状打破せよ」です。組織という共同体、日本という共同体の枠を超えて、世界という共同体の枠で考えれば、誰かがこの暴走をストップしなければいけないのは明らかなのですから。

すべて「友人」だと思って対してみる

組織の人間関係においても、同じことがいえます。

上司と部下の関係では、理不尽だと思っても言いにくいかもしれません。でもそれが、部署全体に迷惑をかけていたらどうでしょう。部署内ではよくても、会社全体で考えれば不利益になっているかもしれません。あるいは地域社会で考えたらどうなるか、国では、世界では……。

「これは就業規則違反ではないか」

「地域に迷惑をかけることになる」

「世の中の流れに反している」

そうやって共同体の枠を広げながら考えると、上司の言動を判断することが可能になるのです。

まして人間は、「内輪のルール」「暗黙の了解」に流されがちです。そういうときほど、枠を広げて考えることが大事です。そして、一人の理不尽さが道徳に反するものだったり、共同体の利益に合わないものであれば、応じてはいけません。それが原則です。

アドラーは、どんな人にも「友人としての態度」で接することが大事だと言っ

ています。

悪いことをしている友人がいたら、誰でも止めようとするでしょう。

友人としてなら、上司にも同じことができるし、しなければいけないということです。共同体の不利益になる行動は、その上司の出世をさまたげる結果になるかもしれませんし、出世してから問題が発覚すれば、より事が大きくなってしまいます。「このままにしておくと、この先どうなるか」と友人の未来を考えればいいのです。

友人としての態度で、未来を考えて接する。理不尽な相手には、このような対応がふさわしいのです。

ワンポイントアドバイス

理不尽なことに直面したときは、より大きな枠組みでとらえてみる。

5章

プライベートを大事にしたいけれど

――もう他人に踏み込まれることはない

41 結婚を周囲に反対される

最後の章では、プライベートについての悩みに、アドラー心理学でどう解決していったらいいいかも見ていくことにしましょう。

仕事と趣味、あるいは仕事と恋愛、仕事と子育て……その両立に苦労しているという声は、本当によく聞きます。

恋愛や結婚も、ある種の社会性をともなうもの。本人同士が愛し合っていればそれでいいという考えもありますが、周囲の声や見方も入ってきます。「結婚したい相手がいるのに、親や友人が反対している」。そんな場合もあるでしょう。

アドラー心理学の「課題の分離」でいえば、結婚はその当人同士の課題です。親や周囲が踏み込むべきことではありませんし、踏み込ませてはいけないというのが原則になります。

しかし現代でも、なかなかそこまで割り切ることは難しいでしょう。とくに母親は、息子の結婚相手をライバルとみなしがちです。

そこで、緩やかに「課題の分離」を進めていくために有効なのが、同棲《どうせい》という状態ではないでしょうか。

健全な助走期間としての同棲は、いってみれば「ならし結婚」です。離婚率が増えている時代でもありますし、同棲という「お試し期間」を作ってみるのは悪いことではありません。

同棲することで、離れて暮らしていたときとは違う、相手のさまざまな面が見えてくるということもあります。もしかしたら、「ああ、親や友達が結婚に反対していたのはこういう理由だったのか」と気づくことだってあるかもしれません。

周囲が結婚に反対しているということは、それだけの理由があるかもしれないということです。本人にはわからないことが、周囲には見えているということもあるのです。

逆に、同棲という助走期間を作ることによって、親や周囲の認識が変わることもあります。

人はその人の主観を通じての世界で生きています。

たとえば、自分にとっての「やさしい彼女」でも、親にしてみたら一見、「媚《こ》びを売る女性」と見えてしまうこともあるのです。助走期間を作ることで、別の一面を見てもらえる可能性もあります。

また、同棲には別の効果も考えられます。夫婦として協力し合うための能力を、この期間に高めておくのです。

アドラーが例に挙げた「独特の風習」

アドラーによれば、ドイツ南西部にあるチューリンゲン地方には、結婚に関する独特の風習があったそうです。それは、結婚するカップルを森に行かせ、両方に柄《え》がついた大きなノコギリを持たせて木を切らせるというもの。

これがうまくできれば、結婚が友人たちから認められたといいます。つまり、「私たちは協力的に結婚生活をすることができます」という証明をあらかじめ得る必要があったわけです。

夫婦は最小単位の「共同体」です。そして、その後、より広がる共同体のために、夫婦にとって最も求められる素養が信頼に基づく協力なのです。

ワンポイントアドバイス

結婚は当人同士の課題だが、緩やかに「課題の分離」を進める方法もある。

42 親からのプレッシャー

結婚を反対されるというパターンもありますが、その逆に、親から結婚のプレッシャーを受けている人も多いのかもしれません。

「仕事が忙しくてそれどころじゃない」

「仕事が楽しいから結婚なんて考えられない」

「まだ一人の生活を楽しんでいたい」

プレッシャーと感じる理由はさまざまでしょう。ただ、そこで頭に入れておくといいのが、アドラー心理学の「ライフタスク」（89ページ）です。

お話ししたように、人生の中で達成していく課題というべきもので、アドラーは「仕事」「交友」「愛」の三つのタスクに分けています。

現代のアドラー心理学では、これに「セルフ」と「スピリチュアル」の二つの課題を追加して五項目で考えることもあります。

「セルフ」とは、自分の健康や遊びなど、自分自身とのつき合い方の課題です。「スピリチュアル」とは、自分を超える大きな存在のもとに生かされていることへの実感を味わう気持ちが抱けるかという課題をいいます。これは、宗教だけでなく、瞑想すること、あるいは大自然への畏敬《いけい》の念などを通じて感じるものでしょう。

この、**アドラー心理学の「人生の中で達成していく五つの課題」について、今の自分にどれだけの充足度があるでしょうか。**

五つの項目のそれぞれの充足度を、五角形のレーダーチャートに書き入れてみます。すると、この五角形の形が偏《かたよ》ってしまう人が非常に多いのです。

もちろん、人の個性はさまざまですから、五角形のチャートに理想形はありません。しかし、あまりにバランスが悪いのは考えものです。

「タイプA」だったアドラー自身

人間の生活は、いってみれば飛行機のようなものです。猛スピードで前進することも大事ですが、そのためには機体の点検が欠かせませんし、燃料を補充することも必要です。

五角形のチャートのバランスが悪いということは、いわば片肺飛行。仕事に夢中になるあまり、遊ぶ時間や友達と会う時間を削ったり、恋愛の相手が見つけられないようでは、いつか燃料が切れてしまうかもしれません。

あるいは、どこかに故障を抱えたまま飛んでいるという危険性もあるのです。仕事の意欲が旺盛な人ほど、憩《いこ》いの場が必要なはずなのに、何かを充実させるために、別の何かを犠牲にしてしまっているわけです。

実はアドラー自身、ワーカホリック（仕事依存症）でした。妻をヨーロッパに残してアメリカに渡り、妻がアメリカにきたのは彼が亡くなる二年前。アドラーが六十七歳で亡くなったのもワーカホリックが原因ではないかといわれています。

アドラーは典型的な「タイプA」の性格だったのです。ここでのAはアグレッシブなどの意味。「急げ急げ病」ともいわれ、**何事も早くやらなければとか、完璧にやらなければと考えがちな性格**です。

この「タイプA」の性格の人は、セルフタスクと仕事のタスクを同一視しがちです。しかし、アドラー心理学のチャートでは、この二つは別の項目です。

仕事がうまくいっているからといって、自分とのつき合い方がそれでOKというわけにはいきません。

親から結婚のプレッシャーを受けるのは、この危《あや》うい状態に陥っていることを親がわかっているからなのかもしれません。プレッシャーとだけ考えず、時には自分のライフタスクのチャートを考えてみることが大事ではないでしょうか。

ワンポイントアドバイス

「仕事」「交友」「愛」「セルフ」「スピリチュアル」の五つの課題のバランスを。

43 毎日、働いてばかりでいいのか

前の項目でお話ししたように、アドラー心理学の「五つのタスク」のどれかに夢中になっていて、ほかのことには関心がなくなっている状態は、ライフタスクのバランスに欠けたものだといえます。

逆にいえば、たとえば、「このまま仕事ばかりしていていいのだろうか」と疑問を感じるのは、健全なわけです。

ここであらためて、アドラーが定義したライフタスクについてまとめておきましょう。

一つ目は、「仕事のタスク」。

これは商談であったり、お店に立ち寄ったお客との関係のような、永続しない人間関係の課題です。

二つ目の「交友のタスク」は、友人や会社の親しい同僚のような、永続するが運命をともにしない人間関係の課題です。

そして三つ目の「愛のタスク」は、夫婦関係のような、永続し、かつ運命をともにする親密な人間関係の課題です。

アドラーは、「人生のすべての問題は、三つの主要な課題に分類することができる」と語っています。それがこのライフタスクであり、これらの課題を解決することで、人はよりよい人生を送ることができるわけです。

とくに意識する必要があるのは、「仕事のタスク」には永続しない人間関係が入っていることです。しかし、そんな仕事もまた、人間関係によって成り立っています。この本でここまでお話ししてきたように、人間関係をどうとらえ、どうクリアしていくかで、物事がうまくいくかどうかも変わってくるのです。

だからこそ、**アドラーは、「すべての問題は、対人関係の問題である」と言ったのです。**

この疑問が自分を救う

この項の冒頭にあげたような、「自分が仕事人間になっていないか」と疑問を感じたということは、単に「もう疲れた」「遊びたい」「休みたい」というような現実から逃避したいという願望にも見えます。しかし、そうではない可能性もあります。

「このまま仕事ばかりしていていいのだろうか」と感じたということは、その人の中にアドラー心理学的な考え方が芽生えてきたということかもしれません。

つまり、自分の人生はどこかバランスが悪いと感じ、それを修正しようとしているのです。言い方を変えれば、こういう疑問を抱いたのなら、そのまま放置したり、ウジウジと悩んだりすべきではないということになります。

アドラー心理学に則《のっと》って、「交友のタスク」や「愛のタスク」あるいは、前項でお話しした「セルフタスク」、「スピリチュアルタスク」をいかに解決するかを考えればいいのです。

仕事人間である自分について悩むのではなく、どうすれば仕事人間ではない生き方ができるかを考える。そのために役に立つのが、「ライフタスク」です。

仕事人間だということは、「交友のタスク」と「愛のタスク」が充足できていないということ。であれば、この二つの課題をクリアすることを目指せばいいでしょう。また、「セルフタスク」が欠けていることも示しています。自分自身とのつき合いで遊び（レジャー）が欠落気味で、健康面でもいくつかの指標で警告が発せられていることが多くあります。この警告を無視していると、ほかのタスク面で異変が生じてしまいかねません。

「ワーカホリック（仕事依存症）気味ではないか？」「ほかのタスク面で犠牲が生じていることはないか？」と、時に自己点検が必要なのです。

ワンポイントアドバイス

仕事ばかりになって、人生に必要なほかのタスクを無視してはいけない。

44

また仕事の話？

仕事に夢中になり、仕事のことばかり考えている人は、どこかバランスが悪いものです。そのバランスの悪さは、ここまでお話ししたようにアドラー心理学の「交友のタスク」や「愛のタスク」をクリアできていないことからくるものです。

ということは、恋人や友人との関係の中で、そのバランスの悪さが露呈《ろてい》してしまうことになります。

「あなた、私といるときでも仕事の話ばかりね」

「また仕事の話？　ほかにしゃべることはないの」

そんなふうに言われてしまった経験はないでしょうか。

自分にしてみたら、今最も夢中になっていることについて話しただけ。だから自分は楽しい。しかし、パートナーや友人から見ると、それはバランスの悪いものなのです。

いつも仕事の話ばかりしていたら、不評を買うのは当然のことでしょう。相手との共通の話題を見つけようとせず、自分のやっていることにしか関心がないという態度だからです。簡単にいってしまえば、デリカシーがない。

心理学の専門用語に、「マンド」と「タクト」があります。これは造語で、言語を使ったコミュニケーションの方法を分類したものです。

「マンド」は、要求や依頼をともなうコミュニケーション。

一方の「タクト」は、それ以外の要求や依頼をともなわない、いわゆる雑談に類するコミュニケーションです。

「他愛のない会話」の重要性

仕事に関するコミュニケーションは、「マンド」が中心です。

たとえば、「あれをしてほしい」「これを任されてほしい」という依頼と、それに応える関係ということ。しかし当然ながら、人間関係は「マンド」のコミュニケーションばかりではありません。とくに恋人や友人とのつき合いは、「マンド」ばかりでは成り立ちません。

それなのに、仕事の話ばかりする人は、仕事と同じように恋人や友だちとも「マンド」ばかりのコミュニケーションをしてしまいがちです。そういう人が煙たがられるのは、その背景に、マンド過剰なコミュニケーションがあるからでしょう。

パートナーや友人との関係の中で重要なのは、要求や依頼ではないはずです。相手の気持ちに寄り添ったコミュニケーションが必要ですし、それが世間話、他愛もない話という形を取ることもあります。

「仕事は好きだけど、これといった趣味もないし、他愛もない話なんてうまくできない……」。そういう人もいるかもしれませんが、それでも二十四時間仕事ばかりしているわけではないはずです。仕事以外にもする話はたくさんあるのに、それに気づいていないだけではないでしょうか。

アドラーは「ミットレーベン」というドイツ語をよく使いました。

英語にすると「to live with」。〝ともに生きる〟という意味です。人間は、誰かとともに生きることが必要なのです。

その能力がなく、一人でしか生きられない人を「孤立した人」といいます。これは「自立した人」とは違います。自立とは、一人でいることも、ともに生きることもできること。仕事の話ばかりして煙たがられる人は、知らず知らず孤立しているのかもしれません。

ワンポイントアドバイス

「タクト」のコミュニケーションで、人間関係をもっとスムーズに。

45 パートナーが気分屋で……

孤立した人間にならないためには、人との共生《きようせい》が必要です。ここで頭に入れておく必要があるのは、「人それぞれに個性がある」ということです。

それは単に性格ということだけではありません。人間には視覚、聴覚、触覚運動などの「感覚タイプ」があり、そこで個性も分かれるのです。

アメリカの精神科医ミルトン・エリクソンは生前、アリゾナ州に住んでいて、夫婦でカウンセリングに訪れた人には、近くの山に行かせることがあったそうです。そして、カウンセリングの場に戻ったとき、山の何が印象に残ったのかをそれぞれに聞くのです。

すると、「景色がきれいでした」と言う人もいれば、「空気がおいしかった」と

言う人もいます。何を感じたか、そこでもタイプが分かれるのです。「山で食べた木の実がおいしかった」と言う人もいたことでしょう。

たとえ夫婦で同じ場所に行っても、感じることは違うのです。

これは新婚旅行でも同じことです。夫が「食事がおいしかった」「飛行機に乗り遅れそうになって走ったのが大変だった」と感想を言えば、妻は夜景が印象的だったと言う——つまり、夫は味覚や体感のタイプで、妻は視覚のタイプだということです。

アドラーは「人は違う興味・関心で生

きている。自分の記憶したいように記憶し、体験したいように体験する」と語っています。人は独自の感覚で物事を把握しています。視覚的な人も聴覚的な人もいる。それを知ることが大事なのです。

感じ方の違いで悲劇を起こさないために

「妻が気分屋で、いちいち合わせていると疲れる」

そんな思いを抱えている人もいるでしょう。しかしそれは、妻が気分屋だから悪いということではなく、感覚タイプが違うということです。

妻が気分屋だと感じる夫は、おそらく「聴覚タイプ」で、かつ論理的に思考する人なのでしょう。だから、妻の話があちこちに飛んで、論理が飛躍するのに耐えられないのです。

また、夫が「身体感覚タイプ」であることに我慢ができない妻もいるはずです。夫が飲みに行くと、その場の楽しさを優先して帰りが遅くなってしまう。そんな夫に対し、「視覚タイプ」の妻は、夫が浮気している絵が心に浮かんだり、妄想が激しくなってしまいます。

こういう問題に対処するためには、まず人には感覚タイプの違いがあると知ることです。感覚タイプが違うということがわかれば、相手がどう感じているかを想像しやすくなります。つまり、相手への共感が働くわけです。

不幸の始まりは、自分の感覚だけがすべてだと考えることなのです。

感覚タイプを知ることはさらに、自分が他者とのコミュニケーションを図る際に、自分の優位な部分と劣位な部分を知ることを助け、他者との円滑なやり取りを可能にしてくれます。

アドラーの「相手の目で見、相手の耳で聞き、相手の心で感じる」ことは、仕事だけでなく、プライベートでも活用できることなのです。

ワンポイントアドバイス

人はそれぞれ違う興味、関心で生きていることを理解して活かす。

46 自分の話を聞いてもらえない

感覚タイプが違うと、「相手が話を理解してくれない」「話を聞いてくれない」という問題にもつながりがちです。

私が実際に経験したことです。

アドラー心理学を学ぶ前のこと、私の前妻は、いつも「家計が大変なの」「お金が足りない」とぼやいていました。私は当時、会社の総合企画室で働いており、数字を扱う仕事もしていましたので、何気なく妻にこう言いました。

「何にお金を使って、どれくらい足りないのか、まず証拠として家計簿を見せてよ」

妻は、こう言い返します。

「そうじゃなくて、とにかく大変なのよ」

それでも私は、「だから証拠を」とくり返しましたが、これがまずかったのです。妻は「もういい。あなたとは話す気はない」とむくれてしまいました。

どちらが悪いのかといえば、私でしょう。論理的に理詰めで考えてしまうクセがあるので、妻のおおまかさに対応することができなかったのです。

「家計を預かっているのに、論理的思考ができない奥さんが悪いのでは？」

そう考える人もいるかもしれませんが、論理的ではないことイコール悪いこと、ではありません。**論理的か抽象的かは、感覚タイプが違うだけ**なのですから。

ここで私が失敗したのは、仕事で得た論理、つまり会社での発想を家庭に持ち込んでしまったこと。自分の感覚を押しつけようとしたともいえる失敗でした。

ベストよりもベターな関係を

パートナーとして必要なアプローチは、二つの種類に分けられます。

一つは「改善アプローチ」。どこが悪かったのかを探り、それを改善しようとするアプローチです。

ベースはアドラーの「原因論」だといえるでしょう。この場合、ベストの形は何かを考えてしまいがちでもあります。

もう一つは、「メイクベターアプローチ」です。原因を求めるのではなく、今ある二人の関係を認め、それをもっとよくするためにはどうするかを考える、アドラーの「目的論」のアプローチです。

原因を探って悪いところを改善し、ベストを求めるのではなく、「今の状態をもっとよくしよう」と考えると、誰も傷つけませんし、さまざまなアイディアが浮かんできます。

悪いところを改善しようとすると、自分だけでなく相手の悪い部分を指摘し、直そうとしてしまいます。

たとえば、「言うことを聞いてくれない」から、聞いてもらおうとする。それは、相手を変えようとする行為であり、相手を支配することにもつながってしまいます。アドラー心理学の相互尊敬・相互信頼に反してしまうのです。

何がどう悪いのか、原因を探っても解決にはなりません。

アドラーは、「なぜ、という問いには答えることができない」と語っています。

相手が思い通りに動いてくれないことで腹を立て、言うことを聞かせようとするのは、「よりよいパートナーの関係を作る」という目的から外れているのです。

互いの感覚タイプの違いを知り、相手の考えに寛容になり、ベストよりもベターを目指す――そうすれば、「言うことを聞いてくれない」という不満はなくなるはずです。

ワンポイントアドバイス

関係をよくするためには、「改善アプローチ」より「メイクベターアプローチ」。

47 子どもが言うことを聞かない

アドラー心理学でいう「相互信頼・相互尊敬」が求められるのは、家庭も同じです。家庭も人間関係の場だからです。

また、対人関係における「課題の分離」は、家族関係でも重要です。

何回かお話ししてきましたが、アドラー心理学の「課題の分離」とは、これは誰の課題なのかを考えるということです。

たとえば、宿題をまったくやろうとしない子どもがいたとします。親としては気が気ではありません。どうにかして宿題をさせようといろいろ言ってみるけれど、効果が出ているようには見えない……。

こういうときにこそ、「課題の分離」が役に立ちます。

アドラー心理学でいえば、子どもが宿題をしないというのは、そもそも子どもにとっての課題でしかないのです。

宿題をしないことで、最終的に責任を負うのはその子どもです。

親がうるさく言うから、余計に宿題をやる気がなくなるということもあります。これは、「宿題をしないのは自分の責任ではない、と思い込むために親がうるさいことを口実にする」という目的論でもとらえられます。それと同時に、親が「課題の分離」に失敗しているということでもあります。子どもの課題に、親が踏み込んでいるのです。

「そうはいっても、子どもが宿題をしなければ成績に影響するし、学力が伸びなければ進学に支障が出る。そうなると、まともな就職だってできなくなるかもしれない……」。親はそう考えて心配してしまうのですが、これも「課題の分離」ができていないことになります。

「子どもの将来が心配だ」と心配するかどうかは親の課題です。その心配を子どもに押しつけてはいけないのです。

家庭のルールと学校のルール

以前、私の上の息子が校則違反をして、学校から両親が呼び出しを受けたことがありました。

家庭でも注意してほしいということだったのでしょうが、私は、「息子は、家のルールでは何の問題もありません。学校のルール違反なのですから、これは学校の課題ということになりませんか」と答え、アドラー心理学を説明しました。それがきっかけで、その先生もアドラー心理学を勉強するようになったのです。

親と子の課題は違いますし、家庭と学校の課題も違います。子どもは学校で、家庭とは違う共同体のルールを学びます。そのことが自立につながるのです。

すべてを学校任せにしてはいけませんが、すべてが家庭で解決できるわけでもありません。もちろん、親子の共同の課題というものもあります。それを見つけ出すためにも、まずは課題を分離して、それから共同の課題を探っていくという手順が必要でしょう。

とくに思春期の子どもは、親に反抗しがちです。

アドラーは「もはや自分は子どもではない、という表明が思春期なのだ」と言っています。それは、いわば成長のプロセス。無理に踏み込むより、黙って見ているほうがいいということもあるのです。

課題の解決には「相互尊敬・相互信頼」が必要です。信頼を養うためには、忍耐も必要でしょう。また、信頼とは、自分にとって未知の領域を受け入れることでもあります。こうしようと決めたら、その結果を受け入れる必要もあります。

子どもの課題に踏み込まないという忍耐を時にともないながら、理解できない子どもの行動を受け入れること。それがアドラー心理学での信頼を養うのです。大事なのは、「どうやったら宿題をさせることができるか」ではないのです。

ワンポイントアドバイス

その課題が「子どもの課題」か「親の課題」か、切り分けて考える。

48 「仕事と家庭とどっちが大事⁉」

忙しく働いている私たちにとって最も大きなテーマは、「仕事とプライベート、どちらが大事か」というものかもしれません。

しかし、ここまでお話ししてきたように、どちらが大事ということは基本的にないのです。あえて言うならどちらも大事。最も重要なのはバランスを取ることです。

「仕事と家庭とどっちが大事⁉」

仕事への意欲が高く、頑張っているという人は、こんな言葉でパートナーから問い詰められたことがあるかもしれません。ですが、その場合にどう答えればいいかははっきりしています。

「家庭に決まってる!!」

迷わず、そう答えればいいのです。

そもそも、仕事と家庭を比較すること自体がおかしなことです。そうはいっても、ここまでお話ししたように、パートナー同士でも感覚タイプが違い、感じていることが別だという場合もあります。

そんなつもりはなくても、自分が仕事にばかりかまけていると相手には感じられるのかもしれません。

そこで、「仕事と家庭は比べるもんじゃない！」と**論理的に説明しても、話がややこしくなるだけ**です。それなら、はっきりと「家庭に決まってる!!」と答えればいいのです。

健全な「二枚舌」がある

仕事と家庭は比較しようがないのですから、「なぜ家庭のほうが（仕事のほうが）大事なのか」をうまく説明することもできません。だからこそ、相手の望む答えを言えばいいのです。

逆に、もし仕事中に上司から、「君は家庭ばかり大事にしていないか。仕事とどっちが大事なんだ」と聞かれたら、答えは迷わず「仕事です」でいいのです。

これはいわば「健全な二枚舌」です。本来は比較しようがないのだから、どっちの答えもウソであり、また本当だということになります。相手が求める答えに合わせることは、間違いではないのです。

また、プライベートをより充実させるためにこそ仕事を頑張る、ということもあります。ということは、「家庭のほうが大事」も「仕事のほうが大事」も、どちらも正解なのです。

「どっちが大事か」と聞かれて答えに詰まってしまう人は、どっちつかずだからそうなってしまうのではないでしょうか。だからこそ、プレッシャーにも感じてしまうのです。

ここで大事なのは、「勝負から降りる」ことです。自分の考えをくどくどと説明して、自分の考えの正しさを証明しようとすることに意味はありません。

第一次世界大戦に従軍したアドラーは、著書で戦争について、「戦争の正体は、広く解放された力への意志――それは、人類に不滅の共同体感覚を抑圧したり、悪用したりする――の、悪魔的な仕事であることが明らかである」と指摘しています。

戦争は他者のことを考えず、自分たちの利益のみを考える行為です。そこに相手への尊敬・信頼や共感は微塵《みじん》もありません。戦争はお互いの正義を押しつけ合っているだけなのです。

自分にとっての正義を互いに押しつけ合うのではなく、**「正義争い」からは、いち早く降りて、何が有益で建設的なのかを考える――それがアドラー的な思考**なのです。

ワンポイントアドバイス

正義の押しつけ合いからはいち早く降りればいい。

49 ボランティアをしてもしなくても

仕事以外にも何かやりがいを持っている人は、「ライフタスク」（89ページ）のバランスが取りやすい人だと言っていいでしょう。

ただし、その**やりがいに取り組むことが、自分の周囲すべてで認めてもらえるかといったら、それはまた別の話です。**

たとえば今、ボランティア活動に熱心に取り組んでいるとします。しかし、そのことについて、会社から「ほどほどに」とクギを刺されてしまった。そんなときはきっと、「ボランティア活動というういいことをしているのに、どうしてクギを刺されなきゃいけないんだ」と不満を感じるのではないでしょうか。

しかし、仕事とボランティア活動は、あくまで別物です。それがどんなに社会の役に立つことであっても、仕事とは関係がありません。

そもそも、ボランティア活動をしていることを会社に認めてもらう必要はないのですし、会社側に知らせる必要だってありません。会社に知らせた背景には、何か別の目的があったのではないでしょうか。

「自分はこんなにすごいんだ」の裏側

ボランティア活動に熱心になるあまり、仕事の場でそのことをことさらに話すのは、パートナーや友人の前で仕事の話ばかりするのと一緒で、デリカシーのない行為になってしまいます。

もしかすると、ボランティア活動のために仕事場のコピー機を使ったり、デスクのパソコンでボランティア関係のメールのやり取りをしていることをとがめられたことはないでしょうか。

「社会の役に立つことをやっているのだから、それくらい認めてくれてもいいはず」

そう思うかもしれません。ただし、ボランティア活動に熱心になり、そのことを仕事の場でも認めてもらおうとするのは、「優越コンプレックス」（22ページ）のせいかもしれません。

すでにお話ししましたが、「優越コンプレックス」とは、劣等感の埋め合わせで何かをことさらに誇示することです。

たとえば、家柄や人脈をやたらと自慢する人は、「仕事では目立った存在ではない」という劣等感が自分にあり、それを埋め合わせようと、「仕事を離れるとこんなにすごいんだ」とまわりに知らせようとしていると考えられます。

ボランティア活動のアピールも同じことかもしれません。

「仕事では活躍できていないけど、社外ではすごいことをしているんだ」という形で、自分の劣等感の埋め合わせをしている可能性もあります。

あるいは、「もっと認めてもらいたい」という承認欲求かもしれませんし、「こんなに素晴らしいことを、なぜ会社は認めないのか」という正義感からくる怒りに走っている場合もあるでしょう。

いずれにしても、そういう態度が周囲から好感を持って迎えられることはないでしょう。私自身は、自分の会社でボランティア活動をする人がいたら、認めてあげたいと思います。多少なら、就業時間にボランティアに関わることをしてもかまいません。そういう経験も、仕事の役に立つことがあると思うからです。

しかし、そういう会社ばかりだとは限りません。それぞれの文化、風土があるわけですから、それに合わせることが重要です。

アドラー心理学では、文化や風土に合わせようとしないことを、「共同体感覚がない」というのです。

ワンポイントアドバイス

やっていることが「劣等感の埋め合わせ」になっていないか。

50 人脈づくりが苦手

会社での人間関係と、それ以外の人間関係を分けて考えると、後者には社外人脈も入ってきます。

社外人脈は、その人にとって大事な意味を持つときがあります。前にもふれたように、今いる会社での生活が一生続くわけではありません。

実行するかしないかは別として、転職を考えることはあっていいですし、そうすることで自分の価値を上げることもできるでしょう。

「転職した場合、よりよい条件の会社に行ける自分であるかどうか」をチェックすることも大事です。そして、自分のレベルチェックをするためにも、社外人脈は大きな参考になりますし、いい影響を受けることにもつながるでしょう。

ただ、社外人脈を持つことにそこまで意味を見出せないのであれば、無理に作ろうとする必要はありません。社外人脈を作ることにはメリットもありますが、考え方しだいではデメリットになってしまう可能性もあるからです。

たとえば、社内でうまくいかないことがあるという劣等感を、社外人脈を誇ることで埋め合わせしようという「優越コンプレックス」につながってしまうかもしれません。

あるいは、社外人脈を大事にすることが、会社でイヤなことがあったときの「外発的動機づけ」(69ページまたは116ページ)だという場合もあるでしょう。

大事なのは「自分のレベルチェックをしよう」「自分の未来へ布石《ふせき》を打とう」という内発的動機づけなのです。

自分に本当に必要かどうかは、動いてみないとわからない

上司や先輩から、「社外人脈を作って、大事にしたほうがいいよ」とアドバイ

スされると、「そういうものなのかな」と思います。

そういう助言をくれた上司は、私の会社員時代にもいました。

もし、そこで迷うようであれば、一度は社外人脈作りに力を入れてみるというのもいいのではないでしょうか。

行動主義心理学の影響を受けた人たちの中には「モデリング」という言葉を使う人もいます。自分にとってのモデル、つまりお手本を作って、それにならってみるのです。

社外人脈を大事にする上司や先輩に何か感じるものがあるのなら、その人をモデルとして、その価値観にいったん染まってみるのも悪いことではありません。「社外人脈が大事みたいだけど……」というところにとどまって何もしないのでは、それが自分にとっていいことか悪いことかもわからないからです。

そうやって動いているうちに、意味を見出せるかもしれません。

逆に、「これは自分には必要ないな」と判断することになるかもしれません。

自分の活動範囲は自分でコントロールできるのです。自分で自立心と責任感を持って自分の活動を決めればいいのです。

いずれにしても、行動してみることでしかわからないということはあります。

そして行動した上で、それが自分に必要なのか不要なのかを決めるのは、周囲の誰でもありません。そう、自分自身なのです。

ワンポイントアドバイス

どんな人間関係を作るのかは、自分自身で決めていい。

おわりに――「解決のヒント」をつかむために

さまざまな悩みについて、アドラー心理学ならではの解決のヒントを考えてきました。

本書の最後に、改めてその考え方をまとめておきましょう。

アドラー心理学と従来の心理学の大きな違いは、人間の行動を**「目的論」**で考えるということです。

目的論とは、**「人間の行動には、その人特有の意志をともなう目的がある」**というとらえ方。その逆が「原因論」です。

悩みや困難にぶつかったとき、人は原因論で考えがちです。

たとえば、自分の子どもが不登校になったとすると、つい原因ばかりを探ってしまいませんか。

「自分の育て方が悪かったのかもしれない」

「ゲームばかりやっていて、社交性に欠けてしまったのかしら……」

そうして原因を探ったとしても、それは過去の話でしかありません。そして当然、過去は変えられないので、原因論では物事の解決にはつながらないのです。

それに対して、アドラー心理学は人間の行動には目的があると考えて、その目的を把握しようとします。不登校なのであれば、子どもが何のためにそうしているのかを理解することが大事なのです。

すると、不登校の目的は、もっと親の気を引きたい、注目されたいという目的があり、それを達成できているということに気づくことがあります。

「育て方が悪かった」と原因を探っても気に病むだけですが、親の注意を引きたかったという目的がわかれば対応することもできるでしょう。これから子どもにどう接するかを考えられるわけです。

これは、社会人でも同じこと。人は自分の不満や悩みを、原因論で理解しようとします。

たとえば、「最近、どうも仕事に身が入らない」という状態だったとします。そんなときに、「上司が口うるさくて気が滅入るからだ」と原因論で考えてしまいませんか。

しかし、目的論で考えれば、仕事を一生懸命やらない目的があると考えます。するとそこに、その口うるさいと感じる上司を困らせる復讐をするためであったり、あるいは、その上司の注目を自分のみに集めたいという目的などが背後にあることに気づくのではないでしょうか。

すべて自分で決めることができる

このことは、アドラー心理学の**「認知論」「自己決定論」**とも大きな関係があります。

認知論とは、**「人間は、自分流の主観的な意味づけを通して物事を把握する」**というもの。同じ物事であっても、それをどう見て、どう感じるかはそれぞれ違います。

たとえば、夜遅くまで仕事をしている人を見て、「頑張っているな。いつか出世するだろう」と思う人もいれば、「こんなに仕事をさせられてかわいそうに」と考える人もいるわけです。

アドラー心理学では、「その人が物事をどう見ているか」を重視します。

物事の受け止め方が変われば、気持ちも変わります。そして物事をどう見てどう受け止め、どう行動するかは自分しだいです。つまり、自己決定論につながるのです。

自己決定論とは、**「人間は、環境や過去の出来事に運命を支配されるのではなく、自ら運命を創造する力がある」**ということです。

「あの人が口うるさいから」というのは、自分をその環境に縛《しば》りつけられるとする考え方です。

また、「そういう原因があるのだから仕方がないんだ」と思い込んでしまっている――つまり、自分でそう決めつけてしまっているのです。

しかし、自己決定論は、逆の方向に向けることもできます。

「あの口うるさい人といい関係を築こう」と考えるのも自分です。物事をどう見るか、そしてどうするかは、すべて自分で決めることができるのです。

「それでもいいのだ」(アドラー)

ここで重要になってくるのが**「勇気づけ」**です。

「勇気づけ」とは、**困難を克服する活力を与えること**をいいます。「○○だから××できない」と考えてしまっている人に、その困難を克服する活力を与える行為です。

しかし、それは「ほめる」ことではありません。ほめる行為は、相手の優れている点を評価し、賞賛することですが、これは「上から」の態度。上下関係がべースになっています。

アドラー心理学では、人間関係を上下で考えません。ほめられると、人はそれに依存するようになります。「ほめられたいから頑張る」という行動になってしまうのです。

対人関係は、あくまで「横の関係」だとするのがアドラー心理学です。親と子、上司と部下も「横の関係」。立場や役割が違うだけであって、どちらが偉いというわけではないと考えるのです。


また、人にはそれぞれ克服すべき課題があります。

アドラー心理学では、**その人の課題はその人自身で解決するものとされ、他者の課題に踏み込んだり、他者に安易に踏み込ませてはいけない**と考えます。これを**「課題の分離」**といいます。

相手の課題を解決してあげるのではなく、相手が自分の力で克服できるように協力すること。それが「勇気づけ」です。

そして「勇気づけ」の最終目的は、自分、もしくは勇気づけした相手の**「共同体感覚」**を養うことでもあります。

共同体とは、家族や会社、地域社会、国、あるいは世界まで、自分がともに生きていく集団を示します。

この**さまざまな共同体での所属感・共感・信頼感・貢献感を実感しながら生きていくことを目指す**のがアドラー心理学です。

本書を読んで「自分にできるかどうかわからないな」と思う人もいるかもしれません。

しかし、そう感じるのは、アドラー心理学を「特別なもの」だと考えているからではありませんか。

アドラー心理学は「コモンセンスのサイコロジー」ともいわれています。世間の常識、人間にとって当たり前のことを訴えているのであって、何も特別なことはないのです。

「もはや誰も私の名前を思い出さず、アドラー派が存在したことすら忘れられるかもしれない、しかし、それでもいいのだ」

アドラーはそう言っています。

忙しく生きていく上で、誰もが直面するさまざまな問題に、ぜひ当てはめてみてください。たとえ今は難しそうに思えることでも、実践してみたら普通のことだった——それがアドラー心理学なのです。

岩井　俊憲

本書は、宝島社から刊行された『ありのままの自分を認める　人生を成功に導くアドラー心理学』を、文庫収録にあたり加筆・改筆・再編集のうえ、改題したものです。

アドラー心理学《しんりがく》こころの相談室《そうだんしつ》

著者　岩井俊憲（いわい・としのり）
発行者　押鐘太陽
発行所　株式会社三笠書房
〒102-0072 東京都千代田区飯田橋3-3-1
電話　03-5226-5734（営業部）03-5226-5731（編集部）
https://www.mikasashobo.co.jp
印刷　誠宏印刷
製本　ナショナル製本

ISBN978-4-8379-3028-0 C0130

王様文庫